Erste Auflage 2003-03-

Umschlagsgestaltung: Die Sonne, genehmigte Photographie von der Nasa - Artwork: Remko Arentz

Titel der Originalausgabe:
„Beoynd Fear
Deutsche Übersetzung: A.Winkler und U.Schulz
Druck: Deschdruck
ISBN 3-936226-02-04

Heidemarie de Melo Verlag
Schleißheimerstr. 220
80797 München
Tel. (089) 30 34 81
Fax: (089) 30 80 646
Email: de.Melo.Horus@t-online.de

Vorwort

Ashian Belsey konnte als Channel der Aufgestiegenen Meister schon vielen Menschen durch ihre schriftlichen Veröffentlichungen und Readings helfen.
Mir persönlich ist sie seit vielen Jahren als hervorragendes Medium und Botschafterin des Lichts bekannt. Bei ihrem Besuch hier in München konnten wir sie als äußerst liebenswerten Menschen erleben. Aufgrund ihrer bescheidenen Art und ihres natürlichen und humorvollen Wesens fiel es uns leicht, sie sofort ins Herz zu schließen.

Dieses Buch enthält liebevolle, aber auch provozierende Belehrungen der Meister Sananda und El Morya, die uns in dieser schwierigen Zeit des Übergangs helfen sollen. Im Unterschied zu anderen Büchern dieser Art besticht es vor allem durch seine Einfachheit und seine klaren und direkten Aussagen, die sich gedanklich leicht nachvollziehen und praktisch umsetzen lassen. In seiner unkomplizierten Darstellung der Wahrheit ist es eine großartige Hilfe für diejenigen, die sich auf der Suche nach sich selbst – und somit nach Gott – befinden.

Ich danke Ashian von Herzen für dieses erfrischende und wachrüttelnde Buch, und ich bin sicher, dass auch Sie es mit Freude und Begeisterung lesen werden.

Mein Dank gilt auch Remko Arentz für die Gestaltung des Umschlages sowie Ulrike Schulz und Alfred Winkler für die Übersetzung.

Ashian arbeitet inzwischen an einer Fortsetzung dieses Buches. Wir freuen uns schon sehr darauf.

Heidemarie de Melo

Jenseits der Angst

"Lehren der Aufgestiegenen Meister"

Ashian Belsey

Jenseits der Angst

"Lehren der Aufgestiegenen Meister"

EINLEITUNG

Das Folgende ist ein Dialog, der vor neun Jahren zwischen mir und den Aufgestiegenen Meistern stattgefunden hat. Die meisten Gespräche führten wir in meinem gemütlichen kleinen Häuschen in Devon. Sie beschränkten sich jedoch nicht nur auf die Grenzen meines Heimes. Manchmal, wenn ich mit meinem liebenswerten Hund Floyd spazieren ging, hatte ich ein mir vertrautes Gefühl des Drehens. Es glich einem plötzlichen Schwindelanfall, so dass ich stehen bleiben und mich an etwas festhalten musste – gewöhnlich an einem Baum –, um Halt zu finden. Eine „Stimme“ sprach dann sehr laut zu mir, und ich war überzeugt, dass jeder in meiner Nähe sie auch gehört haben musste. Ich war oft überrascht, wenn die Leute dann sagten, dass sie nichts gehört, jedoch eine dramatische Veränderung der Energie gefühlt hätten.

Für gewöhnlich war ich in Gedanken in irgendetwas vertieft und „sie“ kamen herein und antworteten auf meine Gedanken. Es war, als ob meine Gedanken nicht meine eigenen wären, nicht mehr mein persönliches Denken, „sie“ wussten genau, was ich zu jeder Zeit dachte. Ein großer Teil dieser Kommunikation spielte sich ab, während ich mein Auto steuerte. Ich erinnere mich, dass ich an einer Verkehrsampel anhielt und mich weiter mit meinen unsichtbaren Freunden unterhielt und dass mich jemand im Auto nebenan anstarrte und sich wunderte, zu wem ich sprach.

Sogar das Badezimmer war ihnen nicht heilig. El Morya hat eine sehr laute Stimme und konnte meine Gedanken unterbrechen, um mir zu sagen, ich sollte meine Motivation überprüfen. Oft hatte ich das Gefühl, ich würde weiter vorangestoßen, als ich gehen konnte, und wegen der Anforderungen, die sie an mich stellten, wollte ich aus Protest weinen und mit den Füßen aufstampfen. Diese Forderungen sollten mir helfen, jeden Aspekt meines Selbst zu meistern, was ich oft als schmerzhaft und als Herausforderung empfand. Natürlich erkenne ich jetzt, dass sie nur die „Knöpfe“ in mir drücken konnten, die da waren, um gedrückt zu werden! Sobald ich gewisse Dinge in meinem Leben gelernt und gemeistert hatte, verschwanden diese Knöpfe.

Ich habe während des ganzen Buches versucht, dich, den Leser, so viel wie möglich mit einzubeziehen. Ich hoffe, dass du durch das ständige Hinzufügen meiner Gedanken und Gefühle den Eindruck hast, daran teilzunehmen.

Ich glaube nicht, dass es irgendwelcher großer Fähigkeiten oder besonderer psychischer Gaben bedarf, um mit diesen geliebten Seelen in Kommunikation zu treten. Als Kind hatte ich in dieser Hinsicht bestimmt keinerlei Begabungen, meine Kindheit war ganz normal und alltäglich. Meine Eltern sind überhaupt nicht religiös und sehr skeptisch, was den „Geist" betrifft. *„Skeptizismus ist einfach nur Angst",* sagte Sananda (Jesus) einmal zu mir. *„Urteilsvermögen ist die Fähigkeit zu wählen, was man zunächst ohne Furcht gehört hat."*

Dieses Buch hat den Titel „Jenseits der Angst", denn nur wenn wir über die Angst hinausgehen, können wir frei werden von unseren Begrenzungen. Nur dann können wir wirklich zu den Meistern gehören.

EINLEITUNG VON DEN MEISTERN

Ich fragte die Meister, ob sie nicht einige Worte zu diesem Buch sagen möchten. Hier ist ihre Botschaft:

„Seid willkommen, wir grüßen euch in Liebe. Wir fühlen uns geehrt, Teil dieses Werkes zu sein. Obwohl es nicht sehr umfangreich ist, ist es vollgepackt mit Weisheit, denn wir haben eine Botschaft zu überbringen. Unsere Botschaften sind immer kurz und liebevoll. Wir verwenden keine Worte, um sie zu verlängern und den leeren Raum auf euren Seiten zu füllen. Das würde dem widersprechen, das zu lehren wir gekommen sind. Viele lieben lange Botschaften mit detaillierten Informationen. Wisst ihr nicht, dass das nur zu eurer Verwirrung beiträgt? Und so sagen wir nur, was gesagt werden muss, denn wir vergeuden keine Energie.

Dieses Buch erscheint zu einer sehr wichtigen Zeit, denn eure Welt erfährt eine große Transformation. Diese Veränderungen werden bei vielen Angst hervorrufen. Es ist daher wichtig, dass ihr alle lernt, euch jenseits der Angst in einen Zustand völligen Vertrauens zu begeben. Dieser Zustand des Vertrauens ist der endgültige Ruheplatz für die Persönlichkeit.

Wenn die Persönlichkeit darniederliegt – dann erhebt sich der Meister!

So sei es!“

ÜBER MICH

Eine Seite wird umgeblättert, und es kommt das Ende eines sehr schönen und besonderen Kapitels in meinem Leben. Dieses Kapitel hat sich über insgesamt neun Jahre erstreckt, und obwohl mein „Buch des Lebens“ noch nicht vorüber, auch noch nicht vollendet ist, ist mir die Erinnerung an das Gewesene lieb und teuer und ich bin neugierig auf das nächste Kapitel, das mich erwartet.

Lasst mich zuerst den Ort der Handlung schildern. Ich bin jetzt umgezogen in eine andere Gegend, weg von dem verschlafenen Küstendorf, wo alles für mich begonnen hat. Ich lebe nun in Dartmoor, wo die Energie ganz anders ist. Das Wetter in dieser Gegend ist sehr launenhaft – es kann in einem Augenblick umschlagen, und dicker, geheimnisvoller Nebel hüllt alles ein wie in eine Decke, behindert ganz plötzlich die Sicht und zwingt uns, schnell in die Wärme unseres Bungalows zurückzukehren.

Ich lebe zusammen mit meinem Partner Remko, einem begabten Musiker, und meinem alten treuen Hund Floyd. Wir leben ein sehr einfaches Leben, nichts Außergewöhnliches, und dennoch bin ich erfüllt von einem Gefühl des Friedens, bei dem ich weiß, dass es nicht aus einer äußeren Quelle kommt. Ich fühle, dass der Grund für meinen Frieden darin liegt, dass ich endlich zu mir selbst gefunden habe. Ich erkenne und verstehe mich in dem Moment, wo ich Frieden in mir fühlen kann.

Es war ein langwieriger Prozess, und obwohl ich mich gelegentlich noch durch die Herausforderungen des Lebens aus dem Gleichgewicht gebracht fühle, bin ich im Ganzen sehr zufrieden. Ich vertraue nun dem Leben. Ich weiß, dass es immer ein größeres Bild gibt, auch wenn wir es nicht immer sehen können. Gott weiß genau, was „Er“ tut – und zwar immer –, und darauf vertraue ich. Dieses Wissen kann Gefühle der Erleichterung und des Friedens in unser Leben bringen, wenn alle um uns sich in Panik und Sorge befinden wegen der Ereignisse und Dramen des Lebens. Zu wissen, dass Gott über alles die vollständige Kontrolle hat, hilft uns, die Dinge aus der richtigen Perspektive zu sehen, und ganz sicher hilft es, den Druck von uns zu nehmen.

Ich verstehe nun, dass Frieden auch aus dem Leben mit der eigenen Wahrheit kommt. Dieses Buch ist meine Wahrheit. Ich biete es dir an in der Absicht, die Weisheit der Meister weiterzugeben, damit auch du Frieden in deinem Leben finden kannst. Lasst uns beginnen!

1. Kapitel

EIN OFFENES HAUS

„In meines Vaters Haus sind viele Räume. In einigen brennt kein Licht, aber dennoch sind alle Räume Teile desselben Hauses."

Als der Sommer allmählich in den Herbst überging und die dunklen Abende kamen, saß ich in meinem gemütlichen Häuschen vor dem knisternden Feuer und wartete auf meinen nächsten Unterricht. Die Belehrungen würden nahezu ständig kommen, und es schien mir, als ob ich angetrieben würde, so viel wie nur möglich von ihrer Weisheit in mich aufzunehmen.

Und so begann der Unterricht an diesem Abend in gewohnter Weise. Zunächst wurde der Raum vorbereitet. Es hatte den Anschein, als würde sich im Zimmer die Atmosphäre verändern. Sie wurde sehr sanft und traumähnlich, beinahe funkelnd von goldener Energie. Dann würde einer der Meister in klarer und direkter Art sprechen, und es würde mir so vorkommen, als ob die Stimme den ganzen Raum erfüllt.

An diesem Abend sprach Sananda. Ich würde dasitzen und mit ihm im Gespräch verbunden sein bis spät in die Nacht und manchmal sogar bis in die frühen Morgenstunden. Diesmal fragte ich ihn, wie ich zu „meiner Wahrheit" finden könnte, wie ich meinen Weg finden könnte, den Weg, der mich heimführt. Er hatte mir oft geraten, meine Wahrheit zu leben, und ich fragte ihn: „Wenn man seine Wahrheit nicht kennt, wie kann man sie finden, um nach ihr zu leben?" Das war seine Antwort:

„Zuerst musst du einige von diesen vielen Schichten auflösen, mit denen du dich umhüllt hast, seit du zum ersten Mal begonnen hast, dich physisch auf dem Planeten Erde zu inkarnieren. Dies ist ein Planet, wo du alles durch physische Erfahrungen lernst. Während der ersten Inkarnation, als du begonnen hattest, etwas physisch zu erfahren, hast du es interpretiert und in Kategorien eingeteilt, z. B. in Freude, Schmerz, Leiden. Damit hattest du dir eine falsche

Überzeugung geschaffen, die sich als Schicht um dich legte. Das hast du getan, um dich zu schützen.

Dann hattest du eine weitere physische Erfahrung, und wieder hast du sie entweder als gut oder schlecht beurteilt, und eine weitere Schicht wurde angelegt. Du bist vielen Menschen auf deinem Weg begegnet, einschließlich deiner Familie, und sie alle taten dasselbe. So hast du auch von ihnen gelernt und hast Schichten um dich hinzugefügt, die nicht einmal deine eigenen Erfahrungen waren! Aber du hast dich trotzdem damit umhüllt, nur weil du Schutz gebraucht hast!

Danach hattest du ein weiteres Leben, bist wiedergekommen, hast Erfahrungen gemacht, und einige Schichten mehr wurden hinzugefügt. Du hast noch mehr Menschen getroffen, hattest für eine andere Familie zu sorgen, und wieder legte sich mehr und mehr ‚Schutz' um dich.

Bedenke nun, wie viele Lebenszeiten du hier hattest! Wie viele Menschen du auf deinem Weg getroffen hast, jeden mit seinen eigenen Erfahrungen und Beurteilungen. Ist es da ein Wunder, wenn das Massenbewusstsein an Schmerz, Krankheit und Leiden glaubt? Du hast dich mit so vielen falschen Glaubensansichten umhüllt, dass du vergessen hast, wer du bist. Du hast weit mehr als die Ansichten nur eines Lebens aufgebaut. Mit so vielen Schichten um dich herum siehst du schließlich aus wie eine ägyptische Mumie. Fang damit an, die dich umhüllenden Schichten abzuschälen, und ‚ent-decke' wieder, wer du bist. Fang damit an, all das loszulassen, was du nicht bist."

Ich fand es interessant zu sehen, dass wir alle in unserem Leben diese Muster erschaffen, ohne sie überhaupt zu bemerken. Wir sabotieren uns selbst, und die meiste Zeit sind es gar nicht unsere Probleme – wir machen sie nur zu unseren! Sananda sagte, wir müssen lernen zu unterscheiden, was wir sind und was wir nicht sind.

Zum Beispiel sprach ich eines Tages mit einer Freundin, und sie lud mich ein. Ich kann mich nicht mehr erinnern, was für ein Ereignis es war oder wo wir hingehen sollten, aber ich erinnere mich, dass es etwas war, das ich normalerweise nicht tun würde. Meine sofortige Reaktion war: „Nein, das kann ich nicht machen!“ Dann wurde mir bewusst, was da vor sich ging, und ich sagte zu mir: „Moment mal, das bin nicht ich! Da spricht meine Mutter! Sie ist diejenige, die zu wohlerzogen und zu verängstigt ist, um etwas Neues zu erleben. Das bin nicht ich!“ Dann machte ich mich davon frei und war fähig, „ja“ zu meiner Freundin zu sagen, und wir hatten eine wunderschöne Zeit!

Sananda sagte:

„Der Schlüssel ist, zu verstehen, was du in deiner Unbegrenztheit bist und was du im sozialen Bewusstsein bist, das begrenzend ist. Bevor du auf irgendjemand oder irgendeine Situation reagierst, ist es klug, wenn du immer erst herauszufinden versuchst, woher deine Reaktion kommt. Wenn sie nicht von deinem unbegrenzten Selbst kommt, dann tausche sie aus. Nimm die unbegrenzte Alternative, denn nur in dieser Entscheidung liegt Wachstum. Tu nicht nur das, was sich sicher anfühlt, sondern versuche, alles von Gottes Schöpfung zu erforschen, gehe über den Bereich deiner Bequemlichkeit hinaus. Wir werden mit dir gehen, denn wir ehren deinen Mut.“

Und so erkannte ich bald, dass dieser Pfad Mut erfordert. Er ist nichts für Zaghafte! Wir alle haben in unserer Vergangenheit dunkle Punkte – Dinge über uns und unser Leben, die wir gerne verstecken, aber Sananda sagte, um ein Meister zu sein, darf man keine verborgenen dunklen Punkte haben. Ich glaube, je höher die Schwingung auf dem Planeten wird, desto schneller wird abgestreift, was nicht „deine Wahrheit“ ist. Übrig bleibt dann nur, was du bist – das wirkliche Du! Wie also können wir sagen, was wir wirklich sind?

„Wenn du deine Wahrheit lebst, dann weißt du es! Dann beginnst du, dich in diesen magischen Fluss des Lebens zu begeben, denn das Universum ist mit dir – oder vielmehr fließt du mit dem Universum. Dann wendet dir das Universum seine volle Aufmerksamkeit zu, und all seine Energie, Fülle und Freude sind dein. So erschaffst du Frieden in deinem Leben – fließe mit dem Universum!“

Und so verpflichtete ich mich, damit zu beginnen, „mich zu finden“. Ich fasste den Entschluss, dass ich nicht mehr von Illusionen eingeschlossen sein wollte, und wünschte, dass nur das übrig bleibt, was ich wirklich bin. Die Meister hatten mir gesagt, dass es nicht leicht sein würde, denn nur sehr wenige hatten je auf Erden gelebt, die wirklich sie selbst gewesen waren. Was für ein seltsamer Gedanke! Ich beschloss, nicht zu wünschen, meine Mutter oder mein Vater, meine Schwester, eine Freundin oder eine Kusine aus einem vergangenen Leben zu sein – ich wollte ich selbst sein. Und so machte ich mich auf die Suche, mich selbst zu finden. Neun Jahre sind seitdem vergangen, und ich fühle, dass ich dem Ziel, das ich mir damals gesetzt habe, ein bisschen näher gekommen bin.

Man sagte mir, dass das riesige Massenbewusstsein angefüllt ist mit negativen Gedankenmustern, die aufgebaut wurden, seit das Leben auf der Erde begann. Es wird einige Zeit dauern, diese Muster aufzulösen. Wenn wir helfen wollen, das Massenbewusstsein zu reinigen, ist der beste Weg dazu die Arbeit an uns selbst.

Ich setzte mich hin und dachte über ihre Worte nach. Ich fand, dass das Nachsinnen über das von ihnen Mitgeteilte mir half, die Informationen voll in mich aufzunehmen und sie mir anzueignen. Ohne diesen Prozess wären sie bloß bedeutungslose Worte geblieben.

Ich begann, über Negativität und Schutz nachzudenken, und fragte mich, welche Ansichten wohl Sananda dazu hätte. Wovor sollen wir uns eigentlich schützen? Ich wusste, dass alles „da draußen“ Energie ist, und diese Energie das ist, was wir „Gott“ oder die „Quelle“ nennen. Warum also sollte ich mich vor Gott schützen? Ich war verwirrt. Andere hatten mir gesagt, dass wir uns vor all diesen „negativen“ Wesenheiten schützen müssen, die nur darauf warten, uns in dem Moment zu packen und zu verschlingen, wo wir in unserer Wachsamkeit nachlassen.

Man hatte mir auch gesagt, dass unser Licht der einzige Schutz ist, den wir je brauchen. Wenn unsere Liebe stark genug ist, wird sie alles erobern, aber vielleicht ist „erobern“ hier das falsche Wort. Lasst uns lieber sagen, wenn Liebe auf eine Energie trifft, hat diese Energie die Chance, ebenfalls Liebe zu werden und so zur Ganzheit zurückzukehren. Ich weiß, dass eine Menge Leute Angst vor den dunklen und anderen Wesenheiten haben, und so befragte ich dazu wieder Sananda. Er gab mir dieses schöne Gleichnis über Furcht, Dunkelheit und Licht, das ich euch gerne mitteilen möchte:

„In meines Vaters Haus sind viele Räume. In einigen brennt kein Licht, aber alle Räume sind dennoch Teile desselben Hauses. Ein Meister ist jemand, der ohne zu urteilen von Raum zu Raum gehen kann. Er/sie fürchtet sich nicht, einen Raum zu betreten, um zu sehen, was sich darin befindet, den er/sie weiß, dass jeder Raum ein Teil des Ganzen ist und daher ein Teil von Gott. Wenn du wie ein Meister sein möchtest, dann geh weiter, bleib nicht in irgendeinem Raum hängen, auch nicht in einem hellen, denn auch dieser ist eine Falle – vielleicht die größte Falle! Viele in der New Age-Bewegung sind in diese Falle geraten und sind eingeschlossen in immer mehr Schichten der Illusion, denn sie errichten sich eine weitere falsche Identität.“

Wow! Das war ein ganz schöner Schock für mich. Ich hatte immer gedacht, dass die in der New Age-Bewegung eine Sonderstellung einnehmen – dass wir vielleicht die „Fortgeschrittenen“ sind. Wie falsch ich lag! Ich fragte ihn, wie er das meinte über die New Age-Bewegung und die Illusionen.

„Es gibt einige, die sich aus der Gesellschaft als Ganzes ausschließen, die sich sozusagen in einen hellen Raum eingeschlossen haben. Es ist eine falsche Annahme, dass wir euch näher sind und dass ihr näher bei Gott seid, wenn ihr nur das tut, was euch mit Liebe und Freude erfüllt (der helle Raum). Wir sind zu allen Zeiten mit euch. Wenn man in einem hellen Raum stehen bleibt, ist das so, als würde man nur mit zwei Zylindern fahren, statt mit sechs!

Ich werde am Eingang warten, bis ihr bereit seid, herauszukommen und euch als Ganzes zu sehen. Ich muss nicht zu euch in den hellen Raum kommen. Ich weiß, dass ihr drin seid und dass er angefüllt ist mit den Illusionen über euch und die Welt. Kommt mit mir in eure Dunkelheit, dort werden wir euer wahres Du enthüllen!

Nun, auch das kann eine Falle sein! Bleibt auch nicht im dunklen Raum. Ein Meister geht von Raum zu Raum, bleibt nie zu lange darin und wird sich nie an irgendeinem Raum binden. Eure Welt ist angefüllt mit Dramen, jeder Raum ist auf seine eigene Weise angefüllt mit verlockenden Angeboten, um sich länger darin aufzuhalten als nötig. Die Versuchung erscheint jetzt in vielen Formen – nicht immer werdet ihr vom Gold versucht.

Ich werde draußen vor der Tür warten, bis ihr danach verlangt, euch selbst zu erkennen. Letztendlich werdet ihr weder im Licht noch in der Dunkelheit bleiben, sondern in vollkommenem Gleichgewicht, ihr werdet euch mit eurem ganzen Selbst angefreundet haben."

Sananda sagte, dass es sehr verlockend sein kann, dort zu bleiben, wo es licht ist (der helle Raum). Er sagte, wenn es wahr wäre, dass wir die dunkle Seite ignorieren sollen, dann wäre er nie auf die Erde gekommen – er wäre im Licht geblieben und hätte den ganzen Tag Harfe gespielt. (Er hat Sinn für Humor!)

Ich bat ihn, mehr über die „dunklen Energien" zu erklären und was wir tun sollen, wenn wir auf solche mit „sehr dunkler" und negativer Energie treffen. Wenn wir uns nicht vor ihnen schützen und „abriegeln" sollen, was sollen wir dann tun? Er antwortete, dass es nicht nötig ist, irgendetwas zu tun. Man muss sie nicht als „dunkel" oder „negativ" verurteilen. Er sagte, wenn wir sie lieben, verstärkt das unser Licht, und das ist – wie er schon zuvor bemerkte – der einzige Schutz, den wir brauchen.

Er meinte, jemand zu lieben bedeutet nicht, dass man mit ihm übereinstimmen muss oder das gut findet, was er tut oder getan hat. Wir sollen auf die Seele dieses Menschen schauen und diese lieben, nicht die kleine Persönlichkeit, die auf der Erde herumläuft. Er sagte, wenn man sich fortwährend schützen will, zeugt das von Furcht und das vereitelt das Ziel, Licht zu werden! Licht zu werden bedeutet, keine Furcht zu haben, denn Furcht ist Dunkelheit.

„Licht schwingt in einer anderen Frequenz; je höher die Frequenz, umso mehr Licht kannst du tragen. Jemand oder etwas, den oder das du als ‚negativ' bezeichnen würdest, hat eine niedrige Frequenz, ein niedriges Lichtniveau sozusagen. Dennoch sind sie Licht! Sie könnten nicht lebendig sein ohne Licht! Viele fokussieren sich zu sehr auf das Dunkle in anderen oder in Situationen; wir bitten euch, das Licht zu sehen, damit das Licht verstärkt wird. Worauf ihr eure Aufmerksamkeit richtet, wird Realität – das ist Schöpfung!"

Um dieses Thema ein bisschen auszuweiten, fragte ich ihn dann nach den verschiedenen Religionen, Kultformen und Gruppen, und was er über jene denkt, die sagen, ihr Weg sei der einzig richtige und dass jeder, der etwas anderes glaubt, falsch liege, irregeführt und getäuscht sei. Er sagte:

„Ein Fluss, der nicht zulässt, dass ihm Wasser aus vielen Teilen zufließt, ist sehr seicht."

Er erklärte weiter, dass er, als er noch als Jesus auf der Erde lebte, an viele Orte reiste, jedem zuhörte und niemand verurteilte. Er sagte, wenn wir fest in unserer Wahrheit stehen und nach ihr leben, dann gibt es für uns keine Veranlassung, andere wegen ihrer Wahrheit zu verurteilen. Er sagte, dass er die Menschen so sehr liebte und dass er jeden so interessant fand, dass er alles in sich aufnahm, was jeder lehrte.

Er war fähig, so zu handeln, weil er keine Furcht kannte. Aufgrund seiner Liebe konnte er alles in sich hereinlassen und – ohne es festzuhalten – einfach zulassen, dass alles durch ihn hindurchging. So kann man sich immer weiter ausdehnen und dabei ein leeres Gefäß bleiben. Er sagte mir, dass er keinen Schutz brauchte, denn er liebt ALLE Formen des Lebens.

Immer noch zum Thema „Schutz" fragte ich ihn, was wir tun sollen, wenn uns jemand mit Worten angreift. Sollen wir „die andere Wange hinhalten" und versuchen, es zu ignorieren? Er antwortete:

„Tue nichts!"

Er sagte, wir sollten darauf verzichten, in eine Form von „Verteidigung" zu gehen, um unsere Ansichten oder Handlungen zu verteidigen. Wir sollten zuhören, was uns jemand zu sagen hat, und es uns zu Herzen nehmen – vielleicht hat er es auf den Punkt gebracht! Aber wir müssen sehr ehrlich mit uns sein. Es ist sehr einfach, sich zu verteidigen, indem man denkt: „Was geht mich sein Gerede an!"

„Wenn du deine Seele erforschst und nichts mehr findest, dann sage einfach zu ihm, dass du kein Problem hast, und falls er eines hat, ist es sein Problem!“

Er sagte, es erschreckt uns, schutzlos zu sein, weil es uns verwundbar macht. Er bat, wir sollten versuchen, schutzlos zu sein, denn dann könnte er uns erreichen; nicht aber, wenn wir „alles zusammenhalten“! Verwundbar zu sein ist keine Schwäche, sondern ein Vorzug, denn so werden wir wie Kinder – unschuldig und bereit zu lernen.

Dann gingen wir zum Thema „Heilung“ über, und ich fragte ihn, ob es irgendetwas gibt, das ich tun könnte, um dem Planeten zu helfen.

„Das ist eine große Illusion. Viele glauben, sie müssten versuchen, alles zu regeln, zu ordnen und zu heilen. Auf der Welt gibt es viele Gruppen, die in einem ‚Glamour-Raum' feststecken; sie reisen an verschiedene Orte und vollziehen verschiedene Rituale und heilige Handlungen, um das Land zu heilen. Warum glaubst du, alles in Ordnung bringen zu müssen? Wenn ihr nicht ausdrücklich von einem ‚Boten' darum gebeten werdet, etwas zu tun, dann lasst es sein, denn ihr könntet durch euer Einmischen mehr Schaden anrichten als Nutzen. Das Ego möchte sich an Zeremonien beteiligen, und das Ego will eine Veränderung bewirken. Ihr werdet es wissen, wenn ihr etwas Besonderes tun sollt, denn dann werdet ihr einen ‚Anstoß' erhalten oder eine ‚Erscheinung' haben.

Man wird euch auch darum bitten, falls jemand eure Hilfe zu einer Heilung oder eure Führung wünscht. Drängt ihnen eure Heilung nicht auf, auch keine Fernheilung. Wenn ihr wirklich helfen wollt, müsst ihr zuerst anerkennen, dass alles so ist, wie es sein soll. Ein Meister konzentriert sich auf die Vollkommenheit, nicht auf die Unvollkommenheit. Alles, was ihr tun sollt, ist, euch selbst zu heilen. Seid der geheilte Heiler, nicht der verwundete! Werdet zu Licht, indem ihr mehr Licht in eurer Aura tragt, auf dass alle, die mit euch in Berührung kommen, behutsam beginnen, ihre eigene Schwingung und somit ihr Bewusstsein zu erhöhen. Dazu ist nur euer Vorbild nötig, ihr müsst kein einziges Wort sagen!“

Das kann schwierig sein, denn oft meinen wir, wir müssten anderen „unsere Wahrheit“ sagen. Da wir unser Licht und seine

Auswirkungen nicht sehen können, haben wir nicht das Gefühl, etwas Lohnenswertes zu tun. Sananda sagte mir, je mehr wir unsere eigene Schwingung erhöhen, umso mehr werden wir zu Licht. Je mehr wir zu Licht werden, umso mehr beginnt das Massenbewusstsein, sich zu verändern – ganz behutsam. Wir sollen nicht in den „Glamour“ geraten und in die Gedankenfalle tappen, dass wir hier sind, um „die Welt zu retten“.

Spät an diesem Abend, tatsächlich war es schon drei Uhr morgens, weckte er mich, um über Emotionen zu diskutieren! Ich kann euch sagen, ich reagierte ganz schön „emotional“, zu dieser Stunde geweckt zu werden – hätte das nicht warten können?

„In dieser Welt der Polarität lebt ihr in einem komplexen Bereich von Emotionen. In Wahrheit gibt es jedoch nur zwei Emotionen, nämlich Liebe und Angst. Alle anderen Emotionen sind ‚Ableger' davon. Ihr müsst von euren Emotionen lernen und sie dann meistern. Ihr sollt ihre Existenz weder verneinen, noch sollt ihr in ihnen schwelgen; aber seht sie euch an und lernt von ihnen. Nur dann könnt ihr den ‚Mittleren Weg' finden.

Fürchtet euch nicht davor, euer GANZES Selbst zu kennen, und schaut nicht nur auf die Teile von euch selbst, die sich sicher anfühlen. Es ist, als würdet ihr sagen: ‚Nun gut, hierhin werde ich gehen, aber dorthin werde ich nicht gehen. Wenn ich meine dunkle Seite vollständig ignoriere und so handle, als hätte sie nie vorrangig existiert, dann wird sie vielleicht verschwinden.' Warum liebt ihr eure dunkle Seite nicht genauso wie euer Licht? Schließlich ist sie ein Teil desselben ‚Hauses'. Das ist ein großes Problem und es verursacht eine der größten Trennungen, die es gibt. Es verursacht das Urteilen.

Versteht, dass alles, was lebendig ist, Liebe ist.
Es gibt nichts, was nicht lebendig ist.
Alles ist lebendig, daher ist alles Liebe.“

Während der eineinhalb Jahre, die ich dem „Training“ widmete, verbrachte ich einen Großteil der Zeit in Tränen! Obwohl Sananda und El Morya mich in dieser Zeit sehr liebevoll unterstützten, war ihr Auftreten doch auch sehr bestimmt. Natürlich wollten sie nicht meine

Illusionen unterstützen, mein falsches Selbst, das ich erschaffen hatte. Und so halfen sie mir, Schicht für Schicht mein falsches Ego abzuschälen. Oft gab es Zeiten, wo ich ärgerlich wurde, mit den Füßen aufstampfte und sie anschrie. Sie reagierten immer sehr konstruktiv, niemals verhätschelten oder bestärkten sie mein Ego. Einmal sagte ich zu El Morya: „El Morya, du bist so streng!", und er antwortete:

„Ich bin nicht streng, ich bin nur mehr fokussiert als du!"

2. Kapitel

WEISHEIT DURCH ERFAHRUNG

„Weisheit kommt durch Erfahrung. Verweigert euch nicht der Erfahrung, denn dann verweigert ihr euch der Weisheit.“

Häufig kamen die Meister recht ungelegen, wenn ich gerade im Badezimmer war! Ich lernte, einen Schreibblock und einen Kuli neben der Wanne bereitzuhalten für den Fall, dass einer von ihnen mir etwas zu sagen hätte. An diesem Tag kam Meister El Morya, um mich zum Thema Weisheit zu belehren. Er sagte mir, dass das Folgende Schlüsselwörter sind:

„Weisheit kommt durch Erfahrung: Verweigert euch nicht der Erfahrung, denn dann verweigert ihr euch der Weisheit. Wann immer ihr vor etwas Angst habt und diese Angst euch von der Erfahrung abhält, verweigert ihr euch selbst der Weisheit. Die Wahrheit gehört euch nur dann, wenn ihr sie wirklich selbst erfahrt.“

Ich verstehe nun, warum ich davon abgehalten wurde, an den Workshops anderer Leute teilzunehmen. Es war kein Urteil über sie, es war nur, dass sie eben *ihre* Wahrheit lehrten, und ich konnte diese nicht zu meiner machen. Ich würde zuerst erfahren müssen, was sie lehrten, bevor ich Weisheit daraus gewinnen konnte. Ja, ich würde es vielleicht interessant finden und es könnte mir mehr Einsichten vermitteln, aber bei der Suche nach meiner Wahrheit würde ich die Wahrheit von jemand anderem finden. Und dann würde ich sie vielleicht nie in mir selbst finden.

Einmal gingen Freunde von mir zum Vortrag einer in der New Age-Bewegung sehr bekannten und angesehenen Dame. Obwohl die Meister sagten, ich sollte nicht zu diesem Vortrag gehen, wollte ich es! Und so entschied ich: „Ich möchte aber hingehen, und von den Meistern ist es nicht nett, dass sie es nicht wünschen!“ Ihre Gründe waren mir unverständlich, und so beschloss ich, entgegen ihrem Rat dennoch zu gehen. Ich machte mich fertig, schlich aus dem Haus und dachte, sie würden nicht bemerken, dass ich gegangen war. Ich versuchte, das Auto zu starten, und nun ratet, was passierte – richtig

– es ließ sich nicht starten! Wie ihr euch vorstellen könnt, war ich ganz schön sauer und kam mir gleichzeitig ein bisschen dumm vor – zu glauben, dass ich die Meister austricksen könnte! Und so verlangte ich eine Erklärung!

„Wir rieten dir, nicht zu gehen, weil du dich in deiner eigenen Entwicklung in einem verletzlichen Stadium befindest. Wenn du zu diesem Vortrag gegangen wärest, hättest du Dinge gehört, die dem widersprochen hätten, was wir dich gelehrt haben. Da die vortragende Dame sehr bekannt und angesehen ist, würdest du beginnen, an dir und an uns zu zweifeln. Verstehe, wir sagen nicht, dass ihre Lehren falsch sind, sie kommen nur aus einem anderen Ansatz, aus einem anderen Blickwinkel sozusagen. Sie ist eine geliebte Seele, und was sie lehrt, ist nützlich für jene, die sich auf einem ähnlichen Weg befinden. Denke daran, dass alle Wege letztendlich nach Hause führen.“

Und so lernte ich, den Meistern zu vertrauen. Obwohl mein Ego sich von Zeit zu Zeit über sie ärgerte, blieben sie immer geduldig – fest, aber geduldig. Ich fühlte auch einigen Konflikt in mir, als sie mich baten, einfach *„zu sein“*, denn ich empfand das im Widerspruch zu dem, was sie mir über „die Erfahrung der Fülle des Lebens“ gesagt hatten. Sie antworteten:

„Du wirst vielleicht entgegnen, nur ‚zu sein' bedeutet nicht, viel zu erleben. Aber wir sagen dir, dann beginnst du, das Leben zu beobachten, und das ist die reichste Erfahrung. Beobachte die Natur, schau zum Himmel, sieh anderen Menschen zu, die sich wahrscheinlich mit ihren eigenen Dingen beschäftigen – nimm alles in dich auf! Wenn du in der Gegend herumläufst auf der Suche nach dir selbst, läufst du in Wirklichkeit immer weiter von dir fort. Wenn du dir die Zeit nimmst, um anzuhalten, langsamer zu werden und stehen zu bleiben, dann erlaubst du dir, dich einzuholen. Wahrscheinlich siehst du darin einen gewissen Widerspruch, denn deiner Generation wurde gelehrt, dass ‚nichts tun' Faulheit ist und dass ‚im Leben etwas erreichen' bedeutet, voranzudrängen und hart zu arbeiten für das, was man sich wünscht. Ist es nicht so?

Wir erzählen dir das Gegenteil von dem, was man dich seit deiner Kindheit lehrte, und wir sind uns bewusst, dass dadurch für dich ein Konflikt entsteht. Wenn du anhältst und langsamer wirst, erlaubst du dir, dich einzuholen. Du kannst dann weit mehr gewinnen, als dir bewusst ist, denn in dieser Ruhe liegt deine wirkliche Macht. Wir verstehen auch, dass nur ‚zu sein' für manche etwas entmutigend sein kann, denn sie werden sich dabei selbst erfahren. Wenn ihr euch ständig in einem Zustand des ‚Tuns' befindet, dann ist das, was ihr wirklich tut, euch selbst und euren Emotionen auszuweichen. Wir beobachten, dass viele verkünden, sie wollen ‚sich selbst finden' – sie wollen wieder ‚ganz' werden. Nun, dazu ist es nur erforderlich, ihr selbst ‚zu sein', und damit aufzuhören, eure Emotionen zu vermeiden."

Einen Großteil dieses Jahres verbrachte ich allein in meinem Häuschen. Deshalb hatte ich eine Menge Zeit, „nach innen zu gehen" und etwas über mich selbst zu lernen. Ich fühlte jedoch, dass ich dabei nicht viele Erfahrungen machte, wurde aber schnell daran erinnert, dass die volle Erfahrung des Lebens nicht unbedingt bedeutet, etwas zu ‚tun'. Häufig vermeiden wir, nach innen zu gehen – in ein inneres Selbststudium –, und ziehen es viel lieber vor, uns in der Hetze und im Tumult des Lebens zu begraben. Wahrscheinlich würden wir lieber irgendeine Form der Unterhaltung finden, um uns zu amüsieren, denn geht es nicht darum im Leben – Spaß zu haben, das Leben in seiner Fülle zu genießen?

„Nein, darum geht es nicht im Leben, das ist Vermeidung. Zur Zeit wäre es für dich besser, wenn du dich für eine Weile von ‚Unterhaltungen' zurückziehen würdest. Damit will ich nicht sagen, dass du auf ‚vergnüglichen Zeitvertreib' – wie du es nennst – ganz und gar verzichten sollst. Es geht nur darum zu erkennen, wann es Zeit ist für Selbstbesinnung, Beobachtung und inneres Studium, und dann die Zeit dafür zu verwenden, um nach innen zu gehen.

Wenn man ein Leben führt mit dem ständigen Wunsch nach Vergnügen, heißt das, einen Weg zu suchen, der keine Erfüllung findet. Sobald dieses eine Vergnügen vorbei ist, bist du auf der Suche nach dem nächsten. Es ist eine Form von Sucht, wenn man abhängig ist von Vergnügen oder Glück, von dem Gefühl, das entsteht, wenn man sich amüsiert. Ein Meister ist nicht süchtig nach seinen chemischen Reaktionen. Mit anderen Worten: Ein Meister erfährt kein ‚Vergnügen'".

Ich bezweifelte das, denn damals dachte ich: „Wie langweilig! Ich bin mir nicht sicher, ob ich dann ein Meister werden will!“ Er antwortete:

„Wenn jemand einen Punkt erreicht, wo er seine Emotionen gemeistert hat, wünscht oder sehnt er sich nicht mehr nach dem Nervenkitzel von ‚Vergnügen und Erregung'. Er erreicht einen neuen Zustand des Verstehens, den man die Stille im Inneren nennt. Diese Stille ist vollkommen beglückende Ruhe und Frieden. Ich sage dir nun, meine Tochter, wenn du diese Stille einmal erlangt hast, wirst du nie mehr wünschen, zu deinem ‚vergnüglichen und erregenden Leben' zurückzukehren. Es wird für dich bedeutungslos sein. Du wirst es als Blendwerk und Illusion betrachten, denn niemand ist je wirklich glücklich bei diesen Vergnügungen, da sie sehr ‚kurzlebig' sind – erinnere dich, dass ich meine Worte sorgfältig wähle!“

Heute kann ich mich dafür verbürgen. Zu jener Zeit jedoch fand ich es hart, nicht auszugehen, denn ich hatte viele Jahre mit wilden Partys, Kneipenbesuchen, Alkohol, Drogen und anderen Formen von Illusion verbracht! Ich kann jedoch sagen, dass ich nun einen Punkt erreicht habe, einen Wendepunkt in meinem Leben, wo ich herausgefunden habe, dass Stille friedvoll und beglückend ist. Sie hat meine Persönlichkeit verändert, ich brauche keine Vergnügungen und keine Unterhaltung mehr und bin jetzt zufrieden mit meinem Leben. Durch Selbsterfahrung kam schließlich Weisheit. Und so veränderte sich mein Leben – und zwar total –, und mit dieser Veränderung bekam ich ein viel stärkeres Lebensgefühl. Ich hatte mit El Morya ein Gespräch über Veränderung und darüber, wie schwierig wir Menschen Veränderungen finden. Hier ist seine Ansicht zu diesem Thema:

„Eine der größten Ängste des Menschen ist die Furcht vor Veränderung. Aufgrund dieser Furcht möchtet ihr lieber so bleiben, wie ihr seid, als zu ‚riskieren', euch ein wenig weiter auszustrecken, hinaus in das Unbekannte. Ihr habt vielleicht schon das Sprichwort gehört: ‚Besser den Teufel, den du kennst' (als das Licht, das du fürchtest).

‚Stecken zu bleiben' kann jedoch zu einer höllischen Situation führen. Das Problem ist, je länger ihr ‚mit dem Teufel lebt', desto härter wird es für euch, zu packen und wegzugehen (aus dem dunklen

Zimmer). Jedes Mal, wenn ihr euch ein wenig weiter aus eurem Bequemlichkeitsbereich hinausbewegt, werdet ihr mehr wachsen, denn Weisheit wird gewonnen durch Erfahrung. In eurem Leben müssen sich nicht unbedingt große Veränderungen ereignen, zumindest nicht alle auf einmal. Macht einfach immer einen kleinen Schritt vorwärts, werdet mehr und mehr selbstsicher, stoßt euch nie zu weit voran, denn das wäre eine extreme Vorgehensweise. Wisst, dass ein Meister den Mittleren Pfad wandert und, wie wir schon sagten, keine extremen Erfahrungen macht. Dennoch müsst ihr, um den Mittleren Pfad zu finden, wissen, wo die Mitte ist, und das erfordert Erfahrung!"

Ich würde sagen, die meisten Menschen mit Angst vor dem Leben haben vermutlich die extreme Neigung, sich zu sehr vor Veränderungen zu fürchten. Merkwürdigerweise fühlen sie sich dabei wohl und auch sicher. Der Weg zurück zum Mittleren Pfad könnte ihnen auch sehr lang erscheinen. Das kann ich verstehen, denn ich denke, dass ich mir erlaubt habe, in meinem Leben Extreme zu erfahren. Zum Beispiel bin ich sehr jung im Alter von fünfzehn Jahren in die Drogenszene geraten und habe über Jahre hinweg einige ganz schön negative Dinge erlebt.

Bekanntlich wird jemand, wenn er auf etwas süchtig ist, alles tun, um es zu bekommen, und Liebe kommt da überhaupt nicht herein. Das kann zu einer höllischen Situation werden, und der Mittlere Pfad kann als ein so weit entfernter Weg erscheinen, dass viele nicht wissen, wo sie ihre lange Heimreise antreten sollen. Sie könnten auch meinen, dass sie durch ihre Erlebnisse ganz schön müde und abgekämpft sind, und haben keine Lust, diese Reise zu unternehmen. Deshalb bleiben sie bei „dem Teufel, den sie kennen". Diese Einstellung lässt sie jedoch die Chance verpassen, durch Erfahrung sehr viel mehr an Weisheit zu gewinnen. Erfahrungen helfen uns zu wachsen, da wir dabei so viel über uns lernen.

Wenn dein Bequemlichkeitsbereich jedoch seinen Reiz für dich verloren hat, würde ich meinen, dass Veränderung in irgendeiner Form empfehlenswert wäre. Wie die Meister gesagt haben, können wir schon durch kleine Schritte Veränderungen herbeiführen. Wir brauchen nicht an der „tiefen Stelle" ins Wasser einzutauchen, denn das ist eine extreme Vorgehensweise, besser ist es, an einer „seichten Stelle" zu beginnen.

Ich habe noch eine andere Art von Furcht bemerkt, und ich glaube, diese ist sehr tief verwurzelt. Viele Menschen entdecken plötzlich, was sie hier auf der Erde tun sollen, welches Geschenk sie der Welt zu geben haben. Und sobald sie es entdeckt haben, laufen sie davor weg. Sie haben ihr ganzes Leben danach gesucht und sich gefragt: „Wozu bin ich gekommen, was soll ich tun?“ Und sobald sie es wissen, machen sie kehrt und laufen zurück in ihren „Sicherheitsbereich“.

Ich denke, sie sind deshalb zu ängstlich, das zu tun, wozu sie hierher gekommen sind, weil sie möglicherweise versagen könnten. Allein der Gedanke an ein Versagen ist so schwerwiegend, dass sie es lieber nicht einmal versuchen, denn das tatsächliche Versagen wäre zu schlimm, um es hinnehmen zu können. Die größte Entschuldigung ist: „Nun, ich fühle, dass ich dazu noch nicht ganz bereit bin.“ Nun, und wann wirst du dazu bereit sein? Wenn du deinen letzten Atemzug machst? Zu spät! Ich diskutierte mit meinen Lehrern darüber, als sie mich baten, mit Vorträgen zu beginnen und die Weisheit der Meister weiterzugeben. Sie sagten:

„DU BIST JETZT BEREIT! Du bist die perfekte Person für diesen Job, du hast bereits alles, was du brauchst, um mit der Arbeit zu beginnen, für die du hierher gekommen bist. Du hattest das entsprechende Training während deines ganzen Lebens. Du hast das Wissen und die Weisheit, die dazu nötig sind. Wenn du nicht wüsstest, wozu du hierher gekommen bist, dann befändest du dich wahrscheinlich noch immer im Prozess der Auflösung der vielen Schutzschichten und Illusionen, die du um dich herum angelegt hast. Du kannst dich nicht wirklich kennen, solange du nicht deine ‚Rüstung' abgelegt hast.“

Erlaube nicht der Angst, dir beim Erreichen deines irdischen Ziels im Wege zu sein. Es ist wirklich besser, wenigstens den Versuch zu unternehmen, statt es später zu bereuen. Ich persönlich glaube, dass dadurch das Versagen einen größeren Sinn bekäme. Zumindest würde dich das Wissen beruhigen, dass du es versucht hast, und somit hättest du ein bisschen Weisheit gewonnen.

„Lass es los und beurteile nicht das Ergebnis, und verbinde auch keine Erwartungen damit.“

Die Meister berichteten mir, sie hätten erlebt, wie wir viele Male durch die Todeserfahrung gegangen sind, um uns auf die andere Seite zu „kicken“, nur weil wir zu ängstlich waren, das Leben in seiner Fülle zu leben. In unseren begrenzten Leben haben wir uns sehr langsam entwickelt, und wir setzen unsere Reinkarnationen so lange fort, bis wir über unsere emotionalen Bindungen und Ängste hinausgehen.

„Macht eure Erfahrungen, aber bleibt nicht in ihnen stecken. Erlebt sie einfach – auf eine losgelöste Weise –, bestätigt die Erfahrung, aber beurteilt sie nicht, beobachtet nur. So fließt ihr im Strom des Leben. Wenn ihr den Erfahrungen des Lebens erlaubt, an euch festzukleben, werdet ihr dichter und schwerer und macht euer Vorankommen schwieriger. Wenn man jede Erfahrung vermeiden will, bedeutet das Angst. ‚In eurer Höhle zu sitzen' ist Vermeidung und basiert auf Furcht. Erlaubt euch, einen weiten Bereich von Erfahrungen zu haben, aber haltet nie an ihnen fest, auch nicht an den guten. Lasst sie durch euch hindurchfließen, lasst sie einfach kommen und gehen.

Viele fürchten sich vor dem, was sie als schlechte Erfahrung betrachten, und versuchen, es zu vermeiden. Damit geben sie ein Urteil über diese Erfahrung ab. Es ist ein Leben der Illusion, nur ‚die guten Dinge des Lebens' erfahren zu wollen. Wie euch schon gesagt wurde, gleicht es dem Aufenthalt in einem hellen Raum, und das ist die größte Falle, die es gibt!“

Ich stellte eine Frage, die man schon oft an mich gerichtet hatte: „Was ist mit den Erfahrungen, die wir als menschliche Wesen eindeutig als ‚schlimme Erfahrungen' bezeichnen würden? Situationen wie die ‚Wahl' der Erfahrung einer Hungersnot in einem Land der Dritten Welt oder so angstvolle Erfahrungen wie die der Juden während des zweiten Weltkriegs?“ Ich war neugierig zu hören, was die Meister zu diesem Thema zu sagen hätten.

„Du stellst eine sehr dreidimensionale Frage und erwartest eine dreidimensionale Antwort. Diese Antwort liegt außerhalb der dritten Dimension. Du musst verstehen, dass keine Seele jemals ohne Kontrolle über ihr eigenes Leben ist, selbst wenn es aus dreidimensionaler Sicht so aussehen mag. Wäre es so, würde das

bedeuten, euch eure Macht wegzunehmen. Ihr habt vollkommene Macht und vollkommene Kontrolle, ihr habt den freien Willen, euch selbst so zum Ausdruck zu bringen, wie ihr es wünscht. Denkt daran, dass ihr nicht immer das größere Bild sehen müsst, um zu wissen, dass es existiert. Ihr braucht nur ein kleines bisschen Glauben und Vertrauen in Gott. Gott erlaubt allen Seelen, alle Erfahrungen zu machen. Wie wir schon gesagt haben, helfen euch ALLE Erfahrungen, Weisheit zu erlangen, auch die schlechten, die du erwähnt hast.

In gewisser Weise ist es eine gute Frage, und ich will einen dreidimensionalen Versuch machen, sie zu beantworten. Warum also sollte eine Seele wählen, solche Erfahrungen zu machen? Wenn du willst, stelle dir vor, dass du in einer höheren Dimension nur Licht gekannt hast, und dieses Licht war so strahlend, dass du dich vollkommen geliebt und ganz gefühlt hast. Diese Ganzheit war so friedlich und ruhig, dass du außerhalb von dir nichts gekannt hast. Es war dir bewusst, dass es noch mehr Realität gibt, aber du wusstest es nicht wirklich, denn du hattest es nicht erfahren.

Lasst uns nun annehmen, dass dies eine tapfere Seele war, und vielleicht sagte sie: ‚Ich will versuchen, das Leben auf einem physischen Planeten zu erfahren als physischer Mensch in einem dichten Körper. Das kann doch nicht so schwer sein! Und während ich dort bin, will ich sehen, ob ich diese Welt verändern kann! Wenn ich schon dabei bin, könnte ich ebenso gut in die richtige Dichte gehen. Ja, bringt mich in eine Situation, die wirklich meine Fähigkeit testet, Gott zu sein.'

Siehst du, im Erdenleben geht es darum, eure gottähnlichen Fähigkeiten, euer Licht, eure Stärke, eure Macht und euren Willen in sehr schwierigen Situationen zu testen – wenn ich es so sagen darf!

Unter dichteren Bedingungen Gott-ähnlich zu sein ist nicht so leicht! Ihr seht also, dass ihr euch wirklich selbst testet. Wenn ihr durch die feineren Schwingungen hinabreist in die dichte Materie, wird euch auf einmal klar, dass dieser ‚Akt innerhalb des Spiels' schließlich doch nicht so leicht sein würde, besonders dann, wenn euch während des Abstiegs in die Materie eure Erinnerung genommen wird. Ihr seid buchstäblich wie ein Baby in einem fremden Land. Seelen werden von der Erdebene ‚gefangen', weil sie gewissermaßen blind sind. Sie vergessen, dass sie Gott sind, und schnell verlieren sie ihre Macht und ihre Fähigkeit, Gott zu sein. Deshalb kann die Reise zurück in den gottähnlichen Zustand des Seins lang und ermüdend werden.

Gott zu sein heißt zu wissen, dass ihr bereits Gott seid. Versucht zu verstehen, dass ihr, obwohl ihr euch jetzt in der dichten Materie und in einer dichten Ebene befindet, nicht in irgendeiner Weise von Gott abgeschnitten seid. Wie könntet ihr das, wenn ihr Gott seid?

Ihr seht, Gott ist nicht ein Wesen, das auf einem Thron sitzt an einem weit entfernten Ort, genannt Himmel. Dieser Glaube ist für diejenigen, die ihre Macht an eine religiöse Struktur abgeben wollen. Gott ist eine Gegenwart, die alles durchdringt. Das heißt, Gottes Gegenwart ist überall. Denn wie könnte Gott an einem Ort sein, aber nicht an einem anderen? Das ist unmöglich. Und so seht ihr, dass ihr nicht allein seid, abgetrennt von Gott. Gottes Gegenwart ist überall –

er erfährt das Leben durch euch!

3. Kapitel

JENSEITS DES TODES

„Je weiter ihr im Erdenleben vorangeschritten seid, umso weiter schreitet ihr nach dem Erdenleben voran."

Vor vier Jahren hatte ich eine „Nahtod-Erfahrung". Damals hatte ich keine Ahnung, wie nahe ich dem Sterben war. Nach meiner Genesung erzählte mir der Chirurg, dass ich beim Eintreffen des Krankenwagens nur noch eine halbe Stunde zu leben hatte. Da sich so viele Menschen vor dem Sterben fürchten, dachte ich, es könnte anderen helfen, wenn ich ihnen meine Erlebnisse mitteile. Ich habe auch die Meister zu diesem Thema befragt, um das Verständnis für diesen Vorgang zu erweitern.

In meinem ersten Buch „Spiegel der Ewigkeit" erzähle ich meine Erlebnisse im Detail. In diesem Buch möchte ich mit meiner Ankunft im Krankenhaus beginnen. Ich hatte unheimlich starke Schmerzen, aber sie hörten auf, als ich meinen Körper verließ. Ich bin mir nicht sicher, wohin ich ging. Alles, an was ich mich erinnern kann, ist, dass es sehr friedlich und wunderschön war. Sobald ich meinen Körper verlassen hatte, verschwand jegliche Angst, und ich fühlte mich vollkommen sicher und geliebt.

Es waren viele freundliche Wesen um mich, die mir beistanden. Diese Wesen glichen niemand, den ich je zuvor gesehen hatte, es waren keine menschlichen Wesen. Sie waren von silberner Farbe mit sehr großen, wunderschönen stahlblauen Augen. Sie hatten weder Nase noch Mund, aber sie konnten mit mir kommunizieren. Die Unterhaltung erfolgte auf telepathischem Weg. Sie fragten mich, ob ich mit ihnen gehen oder auf dieser Ebene bleiben möchte. Unnötig zu sagen, dass ich wählte, hier zu bleiben. Es war ganz sicher keine furchterregende Erfahrung, es war wirklich wunderschön. Die ganze Zeit fühlte ich mich unterstützt und geliebt. Ich bat die Meister, mir ein wenig Einblick in den Tod zu vermitteln. Wenn ich damals gewählt hätte wegzugehen, was hätte ich erlebt?

„Der Weggang aus dem physischen Körper wäre sehr rasch erfolgt. Das wäre aufgrund der Tatsache geschehen, dass du nicht so stark an deine physische Form gebunden bist wie viele Menschen. Je mehr Vertrauen du hast, umso schneller erfolgt der Heimgang. Lass uns nun an dieser Stelle ganz deutlich klarstellen, dass es selbstverständlich keinen ‚Tod' gibt. Es ist unmöglich zu ‚sterben', es ist ein Übergang. Wir benutzen den Begriff ‚Tod' nur zu eurem besseres Verständnis. Der Übergang sollte ein wunderschönes Erlebnis sein, ganz bestimmt nichts, wovor man sich fürchten muss.

Es ist ein sehr befreiendes Erlebnis, vom Körper losgelöst zu werden. Nur aufgrund von Furcht und Anhaftungen könnte man den Übergang als schwierig erfahren. Anhaftungen hat man nur durch Unwissenheit. Das mag hart klingen, aber wenn die Menschen für den Übergangsprozess geschult wären, dann würden sie begreifen, dass nichts je verloren geht. Wenn ihr also wisst, dass ihr niemals etwas oder jemand verlieren könnt, warum wollt ihr dann daran festhalten? Es ist dieses Festhalten, dieses sich an jemand oder etwas Klammern, das den Vorgang für manche unangenehm macht.

Lasst uns nun den Vorgang erklären. Wenn ihr den Köper verlasst, dann windet ihr euch nicht nach Luft schnappend heraus, wie einige befürchten. Ihr braucht nicht mehr zu atmen, denn ihr habt keine Lungen mehr, die Luft benötigen. Ihr ‚gleitet' aus eurem Körper und reist mühelos durch ein Portal in eine neue Dimension. Viele, die eine ‚Nahtod-Erfahrung' hatten, berichten von einer Reise durch einen Tunnel. Dieser Tunnel ist ein Tor zu einem anderen Reich. Ihr begegnet entweder euren Verwandten, die bereits ‚gestorben' sind, oder hilfreichen Führern, Meistern oder Engeln. Das hängt davon ab, welcher Ebene ihr entsprecht.

Ihr könnt nur in die Dimension gehen, zu der ihr euch entwickelt habt. Mit anderen Worten, euer Leben auf Erden bestimmt, wo sich euer Leben auf einer anderen Ebene fortsetzen wird. Ihr seid nicht fähig, auf eine ‚fortgeschrittene' Ebene zu gehen, wenn ihr in eurem Erdenleben nicht sehr weit fortgeschritten seid. Ihr würdet euch nicht in Harmonie mit ihr befinden, eure Schwingung würde nicht übereinstimmen. Und so geht ihr zu einer Schwingung – einer Dimension – zu der ihr energetisch passt.

Einige niedere Ebenen sind der Erde sehr ähnlich. Dort gibt es Autos, Häuser, Spitäler, Geschäfte und sogar Arbeit (als ob ihr nicht schon genug gearbeitet hättet!). Diese Existenzebenen wurden von denjenigen erschaffen, die mit ihnen in Resonanz stehen. Mit anderen Worten, sie fühlen sich heimisch mit Gegenständen, Menschen, Arbeit und mit für die Erde typischen Erfahrungen, und so fahren sie damit fort, eben das zu erleben.

Je weiter ihr im Erdenleben vorangeschritten seid, umso weiter schreitet ihr nach dem Erdenleben voran. Die höheren Frequenzen – höheren Dimensionen – sind herrlich. Auch dort gibt es noch einige Gebäude, aber sie sind nach geometrischen Mustern erbaut, um den Energiefluss zu verbessern. Meistens werden sie zu Lehr- und Heilungszwecken benutzt. Dort ist eine Ruhe, ein Gefühl des Friedens und der Beschaulichkeit, die mit Worten schwer zu schildern sind. Das Licht hier ist anders, es ist weich und doch vibrierend.

Dort gibt es sehr fortgeschrittene Reiche, wo kein Bedürfnis nach Formen mehr besteht und man eins wird mit dem ‚Geist Gottes'. Das sind die Mitschöpfer-Ebenen. Man befindet sich dort in einem Bereich vollkommener Liebe und vollkommenen Friedens. Das Denken muss in einem sehr hohen Maße gemeistert sein, um mit diesem Bereich eins sein zu können. Alle Reiche jenseits der Erdebene sind zeitlos. Mit anderen Worten, ihr erfahrt keine Zeit.

In allen Existenz-Ebenen gibt es Möglichkeiten, um voranzukommen. Es gibt Schulen des Bewusstseins, die dieses Fortschreiten unterstützen. Der Erdebene wurde immer hohe Aufmerksamkeit zuteil. Es versteht sich, dass die Fortschrittsrate auf der Erde am höchsten ist im Vergleich zu jedem anderen Bereich. Einen physischen Körper zu haben wird als sehr geringer Preis angesehen für dieses Vorwärtskommen, und so bilden diejenigen, die darauf warten, wieder in die Erdebene einzutreten, eine lange ‚Schlange'. Seid also nicht in so großer Eile, eure physischen Körper abzulegen.

Ihr geht durch einen Prozess, der die Möglichkeiten bestimmt, die euch zur Verfügung stehen. Man nennt ihn die Rückschau des Lebens. Religiöse Menschen bezeichnen ihn oft als Jüngstes Gericht. Dabei erlebt ihr euer Leben noch einmal, mit anderen Worten, euer Leben wird noch einmal abgespielt. Ihr erfahrt die Auswirkungen, die euer Leben auf andere hatte, indem ihr deren Emotionen fühlt, die zu euch zurückkehren. Wenn ihr zum Beispiel eine nette, rücksichtsvolle und freundliche Person wart, dann werdet ihr diese Eigenschaften erfahren. Wenn ihr aber zu anderen unfreundlich, verletzend und grausam wart, werdet ihr diese Emotionen erleben. Was hinausgeht, kommt wieder zurück.

Während dieser Rückschau werdet ihr auch verpasste Möglichkeiten sehen – oder verpasste ‚Zeitlinien'. Diese ‚Zeitlinien' könnte man als Korridor betrachten mit Türen an bestimmten Stellen zu jeder Seite. Dieser Pfad – oder Korridor –, den jemand entlanggegangen ist, enthielt bestimmte Gelegenheiten (Türen). Wenn er die Gelegenheit verpasste oder sie nicht ergreifen wollte (vielleicht aus Angst), dann würde er auf derselben Zeitlinie verbleiben. Wenn er jedoch die Gelegenheit ergreift und durch die ‚Tür' geht, dann wird er einen anderen Pfad – oder eine andere Zeitlinie – betreten.

Manche dieser Zeitlinien haben eine höhere, manche eine niedrigere Schwingung, das ist von eurer Wahl abhängig. Ihr werdet es mit eurem Körper wissen, wenn ihr einen anderen Pfad eingeschlagen habt und in eine andere Zeitlinie eingetreten seid, denn ihr werdet eine energetische Veränderung in eurem Körper fühlen. Wie wir schon gesagt haben, ist es abhängig von der Art der Schwingung der Zeitlinie, ob es ein erhebendes Gefühl ist oder ein Gefühl größerer Dichte.

In diesem Kapitel haben wir uns bemüht, euch mitzuteilen, dass ihr alle versäumten Gelegenheiten in der Rückschau eures Lebens sehen werdet."

Ich war fasziniert von diesen „Zeitlinien" und bat die Meister, mehr dazu zu erklären. Wie zum Beispiel wissen wir, ob es die Wahl zu einer höheren oder einer niedrigeren Schwingung ist? Ich dachte, das sei für mich wichtig zu wissen, denn ich wollte nur höhere Wahlen treffen. Diese höheren Wahlen sollten dann doch sicherlich für das ‚höchste Gute' sein?

„Wenn du auf deinem Pfad – einer Zeitlinie – unterwegs bist und wenn es da viele Erfahrungen gibt, die schwierig erscheinen, dann könntest du versuchen, eine Änderung zu erzwingen. Das nennt man Kampf. Wenn du mit Erfolg das Öffnen einer Türe ‚erzwungen' hast, könntest du leicht in eine Zeitlinie mit niedrigerer Schwingung eintreten. Natürlich würde das dann deinen Kurs verändern, aber nicht

unbedingt in die Richtung mit dem höchsten Potential für dein Wachstum. Seltsamerweise hätte der Pfad, auf dem du warst und den du als zu schwierig empfunden hast, das höchste Potential für dein Wachstum enthalten können!

Es empfiehlt sich, auf dem Pfad zu bleiben, auf dem ihr euch befindet, bis sich euch eine Gelegenheit anbietet. Wenn das geschieht, denkt nach, bevor ihr hineinspringt. Versucht euch vorzustellen, was geschehen könnte, wenn ihr diese Route nehmt, dann trefft eure Entscheidung.

Manche Menschen haben das Gefühl, sie würden ‚rückwärts gehen'. Das könnte entweder sein, weil sie diese Wahl getroffen haben (nicht durch eine Tür zu gehen und statt dessen dort zu bleiben, wo sie sind) oder weil sie sich für eine niedrigere und dichtere Möglichkeit entschieden haben. Diese Wahl wird für gewöhnlich aus Angst vor einem Fortschritt getroffen. Mit dem Entschluss, in eine dichtere Zeitlinie einzutreten, könnte die Seele vielleicht auch beabsichtigen, mit bestimmten Erlebnissen in Berührung zu kommen, die schon erfahren wurden, aber noch nicht wirklich gemeistert sind. Jemand könnte durch die frühere Erfahrung nur ‚gehüpft' sein. Der Zweck dieser Rückkehr ist nun, ein besseres Verständnis für diese Situation zu gewinnen. Deshalb wurde eine andere Erfahrung arrangiert, damit die Person eine ähnliche Situation noch einmal erfahren kann.

Ihr werdet bemerken, dass sich Menschen aus eurem Leben entfernen, weil sich Zeitlinien verändern. Ihr werdet euch zu einer späteren Zeit wieder begegnen, wenn eine andere Tür geöffnet wurde. Verurteilt nie Menschen, die aus eurem Leben gehen, sei es für dauernd oder nur für kurze Zeit, auch dann nicht, wenn ihr das Gefühl habt, dass sie auf dem falschen Pfad sind, denn es gibt keinen ‚falschen Pfad'. Ebenso gibt es das ‚höchste Gute' nicht, sie sind einfach tapfer genug, um für eine kurze Erfahrung wieder in eine dichtere Zeitlinie einzutreten. Wenn sie dieses Mal erfolgreich Licht in diese Erfahrung bringen, dann werden sie einen bedeutenden Fortschritt erzielen.

Das ‚höchste Gute' bedeutet also einfach zu erlauben, dass euch Möglichkeiten angeboten werden, statt dass ihr sie erzwingt. Wenn es so etwas wie das ‚höchste Gute' im absoluten Sinn gäbe, dann würde das bedeuten, dass es auch eine ‚niedrigste Wahl' gibt. Und das wiederum würde bedeuten, dass es einen Gott gibt, der alle Erfahrungen beurteilt. Ihr seid der einzige Richter über eure Erfahrungen. Ihr urteilt aufgrund euer emotionalen Reaktionen. Und so werdet ihr alle potentiellen Linien sehen, wenn ihr die Rückschau eures Lebens erfahrt. Ihr werdet die Linien sehen, die ihr versäumt habt, und die, die ihr gewählt habt.“

Ich war hartnäckig! Ich wollte etwas über jemand wissen, der durch eine „Tür“ geht, die ihn dazu führt, einen anderen zu ermorden. Das könnte man doch sicher als „falschen Weg“ betrachten.

„Du musst verstehen, dass Pfade nicht als bestimmte Wege vorgegeben sind. Es gibt daher keinen schicksalhaften oder vorherbestimmten Pfad. Alle Pfade bieten die Gelegenheit zum Wachstum. In gewissem Sinn kann man alle Pfade als ‚leer' betrachten, und dennoch sind sie angefüllt mit allen Möglichkeiten.

Wir möchten nun kurz zurückkehren zu der Information, die wir dir zu einem Menschen gegeben haben, dessen Weg voller Kampf war und der diesen Pfad deshalb so schnell wie möglich verlassen wollte. Nun, dieser Kampf war selbst-erschaffen. Alles, was ihr entlang eures Weges findet – habt ihr selbst erschaffen. Die meiste Zeit handelt ihr unbewusst, aber zu manchen Zeiten handelt ihr mit Absicht. Wenn also jemand einen Pfad eingeschlagen hat, der ihn dazu führte, jemand zu ermorden, dann hätte sein geistige Zustand ihn zu dieser Handlung veranlasst. Der ‚Pfad' wäre dafür nicht verantwortlich. Wie du nun siehst, kann es keinen ‚schlechten' Pfad geben. Von Bedeutung ist, was ihr auf diesem Pfad erschafft.

4. Kapitel

DER MEISTER IM SPIEGEL

„Jeder in eurem Leben ist ein Spiegel, eine Reflektion eines Teiles von euch. Es ist wichtig, das zu sehen und zu verstehen, um durch diese Erfahrung zu wachsen."

Der Herbst ging in den Winter über, und die Straßen wurden menschenleer. Alle im Dorf schienen sich in die Wärme ihrer Häuser zurückgezogen zu haben. Mein kleines Häuschen war warm und gemütlich. Trotzdem schüttelte es mich manchmal physisch und meine Zähne klapperten. Das kam nicht von der Kälte, sondern von den intensiven Energien, die sich aufbauten. Wenn ich aus dem Fenster in die graue, winterliche Landschaft schaute, sah alles aus wie im Winterschlaf. In meinem Häuschen jedoch war es sehr lebendig. Ich fragte mich oft, was die Nachbarn wohl sagen würden, wenn sie wüssten, was hier vorging. Ich setzte mich hin für einen neuen Tag der Belehrungen, und die Meister kündigten an, dass es für mich nun an der Zeit wäre, tiefer nach innen zu gehen, tief in mein Unterbewusstsein und mich selbst zu betrachten.

Sie sagten mir: *„Schau auf nichts außerhalb von dir selbst"*. Das war einer der wichtigsten Punkte, den sie ansprachen. Sie sagten, auch wenn ich mich an keine andere von ihren Lehren erinnern würde, an diesen einen Punkt sollte ich mich erinnern: *„Gehe immer zurück zu dir selbst."*

Oft schieben wir etwas auf andere, um zu vermeiden, unsere inneren Angelegenheiten anzusehen. Wir wissen, dass das Leben ein Spiegel unserer eigenen Schöpfungen ist. Wir bestimmen die Szene und wählen die Charaktere aus – bzw. die Schauspieler, die in der Szene vorkommen. Wir müssen uns daran erinnern, dass alle diese Darsteller ‚berufsmäßige' Schauspieler sind! Sie spielen ihre Rollen perfekt. Wir ziehen die Ereignisse und die Menschen in unser Leben, um unser eigenes Drama zu erschaffen und unsere eigene Realität zu manifestieren.

„Jeder in eurem Leben ist ein Spiegel, eine Reflektion eines Teiles von euch. Es ist wichtig, das zu sehen und zu verstehen, um durch diese Erfahrungen zu wachsen. Es ist einfach, das zu verneinen und zu denken: ‚Oh, dieser Mensch kann unmöglich einen Teil von mir widerspiegeln.' Aber ich sage euch, er IST ein Spiegelbild. Ihr müsst ehrlich mit euch sein, um es zu sehen. Geht auch nicht in eine Abwehrhaltung, um euch zu verteidigen. Seid offen für diese Tatsache, und lernt etwas über euch."

Ich dachte darüber nach und stellte fest, dass einige meiner Freunde kraftvolle Menschen sind, die ihre Macht vollständig annehmen. Sie sind selbstsicher, was ich nicht bin. Meine Betrachtung dazu war, ich sollte meine eigene Macht annehmen und lernen, Vertrauen zu haben.

„Wenn jemand in eurem Leben euch irgendwie ärgert, betrachtet euch selbst. Ihr werdet herausfinden, dass ihr über einen Teil von euch verärgert seid. Andere können euch nur ärgern, wenn ihr dafür ‚Knöpfe' zum Drücken habt. Zum Beispiel kann euch eine Person irritieren, weil sie euch ständig unterbricht oder laut und über eure Köpfe hinweg redet. Vielleicht zeigt euch das, wenn ihr ehrlich mit euch seid, dass ihr andere ebenso behandelt, wenn ihr eure Meinung vertretet.

Vielleicht drückt auch jemand eure Knöpfe, indem er immer nett und freundlich ist. Möglicherweise zeigt euch das, dass ihr ein bisschen freundlicher zu anderen und zu euch selbst sein solltet. Wenn ihr von freundlichen, rücksichtsvollen und besorgten Menschen umgeben seid, dann könnte das auch eure Freundlichkeit reflektieren. Wenn ihr jedoch eine Menge ärgerlicher Menschen um euch habt, dann wäre es klug, eure Aufmerksamkeit auf euren eigenen Ärger zu richten, der irgendwo tief in eurem Innern begraben liegt."

Mir wurde gesagt, ich sollte lange und intensiv und absolut ehrlich in mich gehen, bis ich den Spiegel sehe. Ich wurde darüber belehrt, dass unser Leben eine Reflektion unserer Denkweise ist: unsere Umgebung, unsere Berufe, unsere Freunde, unsere Verwandten und unsere Gesundheit. Wir kommen nicht an der Tatsache vorbei, dass wir alles in unserem Leben erschaffen, aus welchem Grund auch immer.

„Wenn euer Leben voller Begrenzungen und Furcht ist, dann wäre es ratsam, darüber nachzudenken, warum ihr diese Realität akzeptieren wollt. Dazu möchte ich betonen, dass ihr als Schöpfer eurer eigenen Realität für eure Schöpfungen voll verantwortlich seid. Deshalb ist es nicht in Ordnung, jemand anderem die Schuld für euer Leben zuzuschieben, sei es im physischen Bereich oder sonst wo."

Es gab eine Zeit, da wollte ich versuchen, meine Probleme an die Meister weiterzugeben, damit sie sie lösen. Eines Tages sagten sie zu mir:

„Höre auf damit, uns alles zu übergeben. Wir sagen dir nun, dass wir diese Verantwortung nicht übernehmen werden. Wir weigern uns, deine Macht von dir zu nehmen. Wir möchten, dass du deine Macht zurücknimmst und sie nicht ständig abgibst! Selbst Gott möchte nicht, dass du irgendetwas an ‚Ihn' übergibst. ‚Er' möchte, dass du Gott BIST. Gewinne deine Macht zurück, indem du akzeptierst, dass du die Verantwortung für dein Leben hast.

Viele geben dem ‚Schicksal' oder ‚Karma' die Schuld dafür, wie ihr Leben beschaffen ist. Sie geben sich geschlagen, blicken zum Himmel und sagen: ‚Das ist der Weg, der mir bestimmt ist.' Das ist keine Macht und es bedeutet auch nicht, ein Meister zu sein. Ein Meister zu sein erfordert, dass ihr beginnt, wie einer zu handeln. Lernt, die volle Verantwortung für euer Leben zu übernehmen. Gebt eure Macht nicht bei der ersten Gelegenheit ab – das ist ein ‚Ausweichmanöver'.

Wenn euch nicht gefällt, wie euer Leben aussieht, dann müsst ihr es ändern. Kämpft nicht um Veränderungen in eurem Leben, fließt mit dem Universum und erlaubt ihm, euch Möglichkeiten anzubieten. Dann ist es eure Sache, diejenigen auszuwählen, die ihr wünscht. Denkt daran, das Universum bietet euch nur die Möglichkeiten an, die euren Gedanken entsprechen. Je höher die Schwingung der Gedanken – umso besser die Chancen."

Man sagte mir, dass ich verstehen müsste, was Energie ist und wie wir unsere Realität durch unsere Gedanken erschaffen. Auch müsste ich verstehen, was Karma wirklich ist, damit ich mich davor nicht zu fürchten brauche.

„Zunächst müsst ihr begreifen, dass ihr die Schöpfer eurer Realität seid. Wenn ihr also in eurem Leben an Karma glaubt, dann sei es so! – ES SOLL SO SEIN! Karma, das sind eure eigenen Gedanken, die hinausgehen und in eurer Aura festgehalten werden. Diese Gedanken schwingen in einer bestimmten Frequenz. Wenn Energie kommt, werden die Schwingungen mit der passenden Frequenz magnetisch zu euren Schwingungen hingezogen. Ihr zieht somit das an, was ihr ausgesandt habt.

Es gibt keinen zürnenden Gott, der sagt: ‚Du hast dies oder jenes in diesem oder in einem anderen Leben getan, also musst du jetzt dafür büßen.' Das wäre eine Verurteilung, und Gott verurteilt nicht. Durch die Energie, die ihr anzieht, könnt ihr also kontrollieren, ob eure Gedanken positiv und erleuchtend sind. Mit diesem Verständnis wisst ihr nun, dass ihr nicht Gott, dem Geist, dem Universum oder auch uns die Schuld für das geben könnt, was in euer Leben kommt – ihr habt es selbst erschaffen!“

Es macht mich traurig, wenn ich die Leute sagen höre, sie müssten wegen ihrer Erfahrungen in diesem Leben in einem früheren Leben böse gewesen sein. Ich weiß nichts über meine vergangenen Leben. Die Meister haben mir immer gesagt, dass es wichtig ist, im Jetzt zu leben, und dass es ohne Bedeutung ist, wer ich war oder was ich getan habe vor Hunderten von Jahren. Wichtig ist, wer ich *jetzt* bin. Wir müssen unsere Macht zurückfordern und sie nicht an irgendwelche Fantasien oder Illusionen verschwenden, wer wir wohl gewesen oder nicht gewesen sind. Wir müssen die volle Verantwortung dafür übernehmen, wer wir jetzt sind und was wir für uns erschaffen. Dazu müssen wir „zu uns selbst zurückgehen“, worauf man mich schon oft hingewiesen hatte.

Wir ziehen also unsere Ängste durch unsere Schwingung an an. Wir geben an alles, was wir fürchten, Energie. Diese Energie geht auch in unsere Aura, wird dort festgehalten und gespeichert und schwingt ruhig in einer bestimmten Frequenz. Wenn wir unserer Furcht eine Menge Energie hinzufügen, werden genügend Energiepartikel magnetisch angezogen, um das zu manifestieren, was wir in unserem Leben fürchten. Alles, was wir in unserem Leben erschaffen möchten, wird somit angezogen, wenn wir genügend Energie hinzufügen, denn Gleiches zieht Gleiches an!

„Denkt also daran, dass niemand und nichts da draußen euch etwas antut! Ihr zieht es aus bestimmten Gründen an. Sehr häufig reflektieren die Erfahrungen in eurem Leben eure Eigenliebe und euer Selbstwertgefühl, wie ihr bewusst oder unbewusst über euch denkt.“

In einem Reading, das ich für jemand gab, sprachen die Meister über den Selbstwert. Das sind ihre Gedanken zu diesem Thema:

„Ihr alle habt im Leben Möglichkeiten der Wahl. Ihr alle bestimmt, welche Samen ihr in eurem Garten aussäen wollt. Ihr alle seid Gärtner. Es liegt an euch, ob ihr dem Unkraut erlaubt, zu wachsen und eure Blumen zu überwuchern und die Schönheit und den Frieden eures Lebens zu zerstören. Wenn jemand euer Vertrauen erschüttert, erlaubt ihr ihm, einen Samen des Zweifels in eurem Garten auszusäen. Vielleicht kommt noch jemand vorbei und wirft noch einen hinein, dann noch einen, bis euer ganzer Garten überwuchert ist von starkem, kräftigem Unkraut. Dieses Unkraut hat all eure schönen Blumen, die ihr zuerst ausgesät habt, erstickt und vernichtet. Erschöpft sitzt ihr da und starrt auf den zugewucherten Garten. Ihr fragt: ‚Wo soll ich anfangen? Wie lange wird es dauern, alles zu beseitigen?' Es scheint ein langer Weg zu sein zurück zur Schönheit eines friedlichen Gartens. Sicherlich werden ihn viele nicht einmal versuchen.

Wenn wir uns dieses Gleichnis ansehen, dann bedeutet es, dass immer, wenn ihr jemandem erlaubt, euer Vertrauen zu erschüttern und den Samen des Zweifels zu säen, die umgebrachten Blumen eure Träume sind. Sobald ihr dem ersten Unkraut zu sprießen erlaubt, wächst rasch anderes nach, während eure Zuversicht und euer Selbstwertgefühl immer mehr abnehmen, bis euer Garten überwuchert ist von den Gedanken und Meinungen anderer Leute. (Welche, wie wir soeben gelernt haben, wahrscheinlich nur deren Meinungen über sich selbst sind!) Wenn nun euer Vertrauen gering ist, wird es schwierig sein, aufzustehen und zu sagen: ‚Genug ist genug!' und mit dem Unkrautjäten anzufangen.

Wenn ihr damit beginnen wollt, wieder die Kontrolle über euer Leben zu haben, dann müsst ihr euch entschließen, wieder der Gärtner zu sein. Seht euch an, was ihr in eurem Garten habt wachsen lassen. Unterstützen euch die Menschen, sind sie freundlich und liebevoll zu euch? Wenn nicht, warum erlaubt ihr ihnen dann, weiterhin in eurem Garten zu wachsen? Wahrscheinlich, weil sie schon vor sehr langer Zeit damit begonnen haben, ihren Samen auszusäen, und sich das Unkraut inzwischen nur sehr langsam ausbreiten konnte. Ihr habt es nie beachtet, bis es zu spät war und ihr verstrickt wart in der Illusion.

Fangt damit an, eines nach dem anderen zu entfernen, erlaubt nichts Geringerem als der Liebe, in eurem Garten zu wachsen. Dann werden euer Selbstwertgefühl und euer Vertrauen zurückkehren. Ihr werdet übrigens feststellen, dass euch nur wenige Menschen verbleiben, aber warum solltet ihr euch wohl so viel ‚erstickendes Unkraut' in eurem Leben wünschen? Ist es nicht besser, die Lügen auszureißen und euren Garten wieder neu anzusäen? Das Endergebnis wird der Mühe wert sein, denn je mehr Liebe ihr an euch zieht, desto mehr liebevolle Menschen werden in euer Leben treten.

Manche haben schon mit dem ‚Unkrautjäten' begonnen und sie fragen oft: ‚Wann werde ich damit fertig sein?' Nun, wenn ihr inmitten eures Gartens steht, umgeben von all dem Unkraut, ist es manchmal schwierig zu sehen, wie viel ihr schon geschafft habt. Oft überseht ihr die Schönheit, die ihr schon gepflanzt habt, und konzentriert euch nur auf das, was ihr noch erreichen wollt. Das ist in Ordnung, denn solange ihr das tut, lasst ihr nicht durch Frustration noch mehr ‚negativen' Samen sprießen

Wir raten euch deshalb, versucht immer, alles aus einer höheren Perspektive zu betrachten, denn dann werdet ihr die Dinge so sehen, wie sie wirklich sind. Dann werdet ihr sehen, dass ihr für euren eigenen Garten verantwortlich seid und dass ihr entscheidet, was darin wachsen soll. Es wird Zeit, wieder die Verantwortung dafür zu übernehmen. Entfernt das ‚Unkraut', das euch erstickt und herunterzieht. Wäre es nicht schön, in einem warmen und sonnigen Garten zu ruhen, der von Liebe und Frieden erfüllt ist? Nun, es ist möglich! Dazu ist nur erforderlich, dass ihr aufsteht, eure aktive Rolle in eurem Leben übernehmt und die Liebe wachsen lasst!"

5. Kapitel

LOSLASSEN

„Wenn ihr all das losgelassen habt, was euch nicht mehr dient, dann begebt ihr euch in einen neuen Raum, auf einen neuen Weg des Daseins. Ihr lebt im JETZT."

Dieses Kapitel kam zustande, weil ich eine schwierige Zeit hatte, als ich versuchte, bestimmte Dinge loszulassen. Obwohl diese Zeit für mich sehr kostbar war, war sie doch auch sehr problematisch. Ich fragte mich nicht nur häufig: „Werde ich verrückt?", es konsultierten mich auch viele Leute, um die Meister wegen ihrer Lebensprobleme um Rat zu bitten. Das verursachte mir einiges Unbehagen, denn die Ratschläge der Meister waren manchmal recht herausfordernd, und ich befürchtete, jemand falsch zu beraten.

Die Lehren im folgenden Kapitel handeln von emotionalen Bindungen und wie man sie loslässt.

„Um eure Emotionen zu meistern, müsst ihr lernen, emotional losgelöst zu sein, das heißt, von ALLEN Situationen im Leben. Die, an welche ihr emotional gebunden seid, werden zu euren größten Aufgaben. Je mehr ihr zum Beispiel emotional am Geld hängt, desto weniger Geld werdet ihr haben! Je mehr ihr euch emotional an Krankheit bindet, desto schlimmer wird die Krankheit. Wenn ihr keine emotionalen Bindungen habt, kann euch nichts emotional beeinflussen. Um im Leben die Rolle des Beobachters zu spielen, darf man sich an nichts und niemand binden. Das heißt nicht, dass ihr nichts oder niemand in eurem Leben haben sollt, sondern losgelöst zu sein bedeutet, sich nicht an Menschen oder Dinge emotional festzuklammern."

Man sagte mir, wenn ich meine Geldprobleme meistern möchte, muss ich sie loslassen. Damals war das schwierig, denn ich hatte nichts Erspartes, das ich hätte loslassen können. Man riet mir, ich sollte es ausbalanciert loslassen, das heißt, ich sollte nur kleine Teile meines Einkommens abgeben – wenn auch nur Pennys –, aber regelmäßig. Das würde die emotionale Bindung freisetzen, die den Mangel verursacht.

„Wenn ihr eine Emotion energisch in einer Richtung festhaltet, dann erzeugt ihr Unausgewogenheit und erschafft für euch eine schlechtere Situation. Auch sollte euch bewusst sein, dass ihr, wenn ihr finanzielle Schwierigkeiten erfahrt, dafür auch eine andere Möglichkeit in Betracht ziehen müsst, und zwar, dass Geben und Nehmen bei euch nicht ausgewogen sind (zweites Chakra).

Es sollte Ausgewogenheit bestehen zwischen der Energie, die von eurem Dienen ausgeht, und der, die ihr bekommt. Wenn ihr jemand seid, der sehr viel gibt, aber nicht viel zurückbekommt, dann müsst ihr wissen, dass diese Unausgewogenheit eine bedenkliche Unausgeglichenheit im Körper verursachen kann. Jemand mit diesem Maß an Unausgeglichenheit könnte am Ende sogar ein Organ ‚abgeben', als Frau eine Brust- oder Gebärmutterentfernung haben. Das ist unausgewogene Energie im Extrem."

Ich habe beobachtet, dass in so einem Fall die betroffenen Menschen oft sehr liebevoll sind und anderen sehr viel von ihrer Zeit und Energie opfern. Um das Gleichgewicht wieder herzustellen, müssten sie damit beginnen, sich selbst zu lieben und zu achten. Dazu gehört auch, dass sie für sich klare Grenzen schaffen und an ihnen festhalten. Für die Eigenliebe ist auch wichtig, etwas von anderen zu bekommen, vielleicht eine Massage oder eine liebevolle Heilbehandlung. Eine Massage ist eine wunderbare Art, etwas zu erhalten, es bedeutet auch loszulassen und der Person, die massiert, zu vertrauen. Diejenigen, die Schwierigkeiten haben, etwas anzunehmen, haben für gewöhnlich auch wenig Vertrauen.

Um ein harmonisches Leben zu führen, müssen wir in ALLEN Bereichen unseres Lebens Ausgeglichenheit finden. Wenn du das erreichen kannst, wirst du keinen Mangel erfahren. Übrigens könntest du sagen: „Ich hätte gern eine Massage, kann mir aber keine leisten!" Nun, man sagte mir, wenn man trotzdem eine nimmt, würde man sogar den Prozess starten, der den Überfluss freisetzt, denn durch Liebe beginnt er zu fließen.

„Versucht, euren Tag auszubalancieren. Findet Zeit zum Alleinsein, findet Zeit für das Zusammensein mit anderen, findet Zeit, um etwas

Kreatives zu tun, und findet Zeit für euren Körper. Ihr könnt das miteinander kombinieren. Zum Beispiel könnt ihr einen Spaziergang machen, was gut für euren Körper ist, und es könnte auch ein Freund mitgehen, das wäre dann die Zeit, die ihr mit anderen verbringt. Besonders wichtig ist es, Zeit zu finden, um etwas Kreatives zu tun.“

Man sagte mir, dass meine Seele aufschreit nach einem vollen kreativen Ausdruck in diesem Leben, und ich glaube, das trifft für alle zu.

Als ich mich aufmachte auf den Pfad der Erleuchtung, hatte ich die naive Vorstellung, dass das Leben sofort leicht sein würde. All meine Sorgen würden verschwinden, Fülle würde durch meine Tür hereinströmen, und jedermann um mich herum würde mir Liebe und Freundschaft entgegenbringen. Ich würde mich nie mehr einsam und verloren fühlen! Wie ich schon sagte – wie naiv! Ich nahm an, dass das Leben leichter würde und dass es keine Probleme mehr geben würde. So war es jedoch nicht! Zumindest nicht am Anfang. Tatsächlich wird das Leben zu einem großen Teil härter. Es erfordert echte Hingabe an Gott, und das kann als sehr schmerzhaft erfahren werden.

Der Grund dafür, dass man es so empfinden könnte, ist, dass das Leben, wenn man es Gott übergibt, nie mehr dasselbe sein kann. Ich würde sagen, dass in neun von zehn Fällen das Leben sehr verrückt wird und auch beängstigend, eine emotionale Achterbahn für viele Jahre! Die Reise in die Arme Gottes ist sicherlich nicht glatt und bequem. Warum ist das so? Ich meine, die hauptsächliche Ursache dafür ist, dass dann eine Veränderung im Leben stattfindet, manchmal sogar eine sehr große Veränderung. Das hängt davon ab, wie sehr man sich in die dreidimensionale Welt eingegraben hat und wie viel man loslassen muss.

Man sagte mir, wenn man sich Gott übergibt, dann entfernt man sich von den sozialen Strukturen, von einer Arbeit, die nur dazu dient, Rechnungen zu bezahlen, aber nicht voll zum Ausdruck bringt, wer man wirklich ist. An diesem Punkt wird das Geld, das man besitzt, oft weniger, und viele scheinen sich in beträchtlichen finanziellen Schwierigkeiten zu befinden. Wenn man damit beginnt, emotionale Last loszulassen, die tief vergrabenen Muster und

Verletzungen zu entfernen, kann sich oft auch die Gesundheit verschlechtern. Jahrelange Freundschaften können plötzlich auseinandergehen, Beziehungen und Ehen können enden. Viele ziehen um, und insgesamt kann es eine ungeheuer belastende, beängstigende und emotionale Zeit sein. Dein Selbstwertgefühl kann ganz schön was abkriegen.

„Diese Veränderungen müssen stattfinden, weil ihr, wenn ihr euch Gott übergebt, mit einem Reinigungsprozess beginnt. Um euch vollständig zu kennen und zu lieben, müsst ihr alles loslassen, was ihr nicht seid! Und so beginnt ihr, euch von allem zu entleeren, was ihr nicht wirklich seid. Ihr könnt euch nicht wirklich finden, wenn ihr hinter materiellem Komfort vergraben seid. Mit anderen Worten, ihr könnt Geld nicht als Stütze für euren Selbstwert benutzen. Wo Liebe ist, da ist Leben im Überfluss.

Wenn ihr also einen sicheren Beruf habt und eine Menge Geld verdient, dabei aber nicht all eure Talente und euer Potential, eure Kreativität, einsetzen könnt, dann werdet ihr ihn verlieren und mit ihm eure materielle Sicherheit. Das Leben wird dann zu weit mehr als nur zu Sicherheitsfallen und Illusionen. Eure Finanzen können beträchtlich abnehmen, während eine Umbildung, eine Neuordnung und eine Veränderung eurer Prioritäten stattfinden. Ihr betrachtet Überfluss oft nur unter dem finanziellen Aspekt. Von diesem Konzept müsst ihr euch lösen und lernen, Überfluss in anderen Bereichen zu sehen. Sehr wahrscheinlich werdet ihr feststellen, dass eure Finanzen für eine Weile geringer sind, aber euer Überfluss an freier, schöpferischer und unterhaltsamer Zeit wird zunehmen, damit ihr euren Hobbys und Interessen nachgehen könnt.

Wenn ihr eure Dichte auflöst, ist eure Gesundheit häufig Schwankungen ausgesetzt. Aber das ist nur vorübergehend, schließlich wird sie sich im Gleichgewicht befinden und ihr werdet beste Gesundheit erfahren. Freunde verlassen euch, weil ihr den ‚Freund im Inneren' finden müsst – mit anderen Worten, ihr müsst euer eigener bester Freund werden. An diesem Punkt werdet ihr eine Fülle neuer Freunde finden. Wenn ihr in einer lieblosen Ehe lebt, dann wird sie enden. Ihr werdet es sehr schwierig finden, irgendwo oder bei irgendjemand zu bleiben, wo die Liebe nicht wachsen kann. Wo es Bereiche in eurem Leben gibt, die auf Bequemlichkeit basieren und nicht auf Liebe, wird eine Umbildung stattfinden."

Ich dachte nach über die Tarot-Karte „der Turm“, die eine falsche Konstruktion bedeutet, wo das Ego und die Illusionen abbröckeln, damit nur das wahre Selbst enthüllt wird. Und damit es sich noch entmutigender anhört, sagte man mir, dass dieses Periode viele Jahre dauern kann, abhängig davon, wie schwierig wir es uns selbst machen. Wenn wir leicht mit der Veränderung fließen können, wird diese Zeit ziemlich reibungslos vorübergehen. Ich persönlich habe noch niemand getroffen, der durch all diese Veränderungen mit Anmut und Leichtigkeit gehen kann, denn die meisten von uns haben einfach Angst.

Es ist beängstigend, sich von all unseren Bequemlichkeiten zu trennen, selbst wenn wir wissen, dass wir ihnen entwachsen sind. Es ist schwierig und hart, die Quellen unserer Sicherheit loszulassen, auch wenn wir wissen, dass es eine falsche Sicherheit ist. Es ist schwer und oft sehr schmerzlich, eine Ehe aufzugeben, ein Heim und manchmal Kinder. Es ist schwer, sich zu verpflichten, dichte Muster im Inneren aufzulösen, wenn wir wissen, dass der Auflösungsprozess vergrabene Schmerzen und Emotionen an die Oberfläche bringen wird. Ich fragte: „Warum erfahren viele solche Schwierigkeiten in ihrem physischen Körper?“

„Eure physische Gesundheit wird geschwächt, wenn ihr alles Vergangene abschüttelt.“

Wenn wir auf den Weg vor uns schauen, könnten wir uns fragen, warum wir uns bemühen sollten, diese Anstrengung auf uns zu nehmen.

„Ihr bemüht euch, weil ihr diese Verpflichtung schlussendlich eingehen müsst, sei es in diesem oder im nächsten Leben, früher oder später. Damit befreit ihr euch aus dem Kreislauf der Reinkarnationen. Ihr bemüht euch, weil ihr wisst, dass alles andere eine Illusion ist. Der Grund, warum es eine Herausforderung wird und schmerzhaft, ist, dass ihr euch erlaubt habt, euch völlig an die Illusion zu verlieren und in ihr aufzugehen. Ihr habt Leben auf Leben gehabt, um die Illusion zu erfahren. Vielleicht habt ihr manchmal kurz angehalten und auf den Weg vor euch geschaut, aber ihr habt entschieden, dass er euch zu viel Angst macht, um es jetzt zu versuchen.“

Nun, es ist Licht am Ende des Tunnels! Manchmal kann Gott wie ein Hurrikan durch euer Leben fegen, der alles auf den Kopf stellt, um es anderswo wieder anzusiedeln. Das Licht am Ende des Tunnels ist dann die ‚Ruhe nach dem Sturm', wenn alles von euch gegangen ist, was ihr nicht wirklich seid – wirklich ihr selbst. Das ist wie bei einem Baum, der nach einem Sturm von seinen Blätter entblößt dasteht. Aber danach werdet ihr erfüllt sein von einem tieferen Verständnis, einem tieferen Empfinden für euch selbst.

Dieses tiefe Empfinden wird euch nicht verlassen, es wird von nun an weiter anwachsen und euer Leben bereichern, nicht mit materiellen Dingen, aber im Sinne von spiritueller Nahrung. Euer ganzes Leben wird auf eine Weise ‚genährt', wie ihr es euch bis jetzt nicht vorstellen konntet. Das Leben, das ihr euch bemüht habt aufzugeben, wird bedeutungslos, und so seid ihr froh, es hinter euch zu lassen, da es für euch keine so große Sache mehr ist. Wenn ihr einmal Gott gefunden und ‚Ihm' erlaubt habt, in euer Leben zu kommen, dann wird euer Leben sehr magisch. Ihr werdet nicht mehr das Bedürfnis nach irgendetwas haben, ihr werdet erfüllt sein von einem tiefen Gefühl des Friedens.

Das Leben im Allgemeinen versucht nun für gewöhnlich, euch aus dem Gleichgewicht zu bringen, aber der Friede – wenn er einmal gefunden ist – geht nie mehr verloren. Nie wieder werdet ihr versklavt sein – denn ihr seid schon befreit worden. Wenn ihr emotional losgelöst seid, dann könnt ihr euren inneren Frieden nicht verlieren, denn dann seid ihr der Beobachter – als losgelöster Reisender in dieser Welt werdet ihr nicht in die Fallen eurer eigenen Illusionen geraten. Der Weg endet nie, er weitet sich mehr und mehr, wobei er immer neue Horizonte eröffnet. Wenn ihr ein größeres Bild vor euch habt, dann könnt ihr euch daran erinnern, wie eng begrenzt euer Leben vorher war. Wenn ihr in euren neuen Horizont eintretet, entfalten sich vor euch weitere, jeder noch reichhaltiger, noch schöner, noch ausgedehnter als der vorige.

Gott wahrhaftig zu kennen heißt, sich selbst zu kennen. Ihr könnt euch nicht wirklich kennen, wenn ihr in eure Illusionen eingehüllt seid. Die Illusionen müssen vergehen, bevor ihr euch selbst finden könnt. Mitten im Chaos könnt ihr euch nicht selbst finden. Es wäre so, als würdet ihr inmitten einer Menge Unkraut einen Rosenstrauch pflanzen und ihm sagen: ‚Nun wachse!' Ihr müsst euch vom Chaos befreien, um eurem Rosenstrauch zu erlauben, sich auszubreiten, und um ihm die Freiheit zu geben, sich in vollkommener Herrlichkeit zu entfalten!"

Das war eine sehr traumatische Zeit für mich, aber schließlich erreichte ich einen Punkt in meinem Leben, wo ich mich sehr zufrieden fühlte, sehr im Frieden mit mir selbst war. Mit einem Gefühl der Dankbarkeit verkündete ich: „Endlich weiß ich, wer ich bin und was ich hier tue!" Die Antwort kam ein wenig unerwartet:

„Das ist gut – nun lass das los!"

Ich war verwirrt, und so bat ich um eine Erklärung.

„Wenn du sagst, du weißt jetzt, wer du bist und was du hier tust, begrenzt dich das. Es hindert dich daran, mehr zu werden, als du bist, und mehr zu tun, als du kannst! Begrenze dich nicht mit diesen Worten und Gefühlen, befreie dich, um mehr zu werden, als du jetzt bist. Wo auch immer du dich im Leben befindest, solltest du bereit sein, loszulassen und weiterzugehen."

Sie sagten mir, wenn wir zum Beispiel für eine gewisse Zeit mit denselben Führern auf dieselbe Art zusammengearbeitet haben, sollten wir bereit sein, sie gehen zu lassen, damit auch sie weiterwachsen können.

Vor ein paar Jahren arbeitete ich mit einem indianischen Führer namens Black Crow. Es war wundervoll, mit ihm zu arbeiten, sein Wissen und seine Kenntnisse waren unglaublich, und er half mir und anderen auf viele Weise. Eines Tages jedoch musste ich ihn loslassen. Er kam zu mir, um mir Lebewohl zu sagen. Er sagte, dass es nun für ihn Zeit sei, weiter voranzuschreiten, und dass ich ihn gehen lassen müsste. Ich sollte lernen, mit anderen auf anderen Ebenen zu arbeiten. Obwohl es schmerzlich war, ihn loszulassen, war es wichtig, denn es eröffnete mir eine lange und wunderbare Zeit mit den Aufgestiegenen Meistern. Man sagte mir, obwohl es sehr verlockend und zauberhaft ist, mit den Meistern zu arbeiten, ist es wichtig, dass ich selbst zu einem Meister werde. Dazu muss ich bereit sein, alle

Ebenen loszulassen, einschließlich der Ebene der Aufgestiegenen Meister, um mich weiter auszudehnen.

Ich dachte einen ganzen Nachmittag über das Loslassen nach. Wie weiß man, wann man etwas wirklich losgelassen hat? Ich habe es mit einer Zeremonie versucht, indem ich Zettelchen mit den Namen von Leuten verbrannte, aber innerlich hatte ich nicht wirklich das Gefühl, es hätte funktioniert.

„Du wirst wissen, ob du eine Person oder eine Situation losgelassen hast – deine Vergangenheit –, wenn du versuchst, dich an Teile davon zu erinnern, und es sich anfühlt, als ob du es nicht gewesen bist, als ob du nicht einmal dort warst."

Ich weiß, dass ich meine Kindheit losgelassen habe und sie nicht mehr mit mir herumschleppe, denn wenn ich versuche, an meine Kindheit zurückzudenken und mich in sie zurückzufühlen, ist es schwierig, mich an Augenblicke oder Ereignisse zu erinnern oder sie wieder heraufzubeschwören. Es fühlt sich an, als wäre ich es nicht wirklich gewesen, und deshalb weiß ich, dass ich es losgelassen habe.

„Der Schlüssel dazu ist, keine emotionale Bindung an irgendeine Zeit, eine Person oder einen Ort zu haben. Um herauszufinden, ob du deine Vergangenheit losgelassen hast, musst du versuchen, dich wieder an eine Zeit und einen Ort zu erinnern. Wenn du sagen kannst: ‚Ja, ich kann mich noch lebhaft hineinversetzen und es ist, als wäre ich noch immer dort, ich kann sogar fühlen, wie ich damals fühlte' – wenn das deine Antwort ist, dann hast du nicht losgelassen."

Wie also, so fragte ich mich, kommt man an diesen Punkt, wo man sich an ein Ereignis oder an irgendwelche Gefühle nicht mehr wirklich erinnern kann, weil man keine Emotionen mehr hat, die noch damit verbunden sind. Wir wissen, dass Ereignisse und Menschen nur Spieler sind, einfach Schauspieler, die ihre Rolle gespielt haben, um uns dahin zu bringen, wo wir jetzt sind. Aber all das Wissen darüber reicht nicht aus, um es loszulassen, besonders dann nicht, wenn es eine schmerzliche Situation war. Wie also kommt man zu diesem Punkt? Man sagte mir, dass es dafür eine bestimmte Art des Vorgehens gibt.

„Zunächst musst du fähig sein, dich ganz deutlich in einer anderen Zeit zu sehen. Wie wir schon gesagt haben, kannst du auf diese Weise erkennen, ob du noch an diese Zeit gebunden bist. Wenn du das gemacht hast, musst du als zweiten Schritt deinen Geist zurückrufen. Wahrscheinlich wirst du fühlen, wie dieser Teil von dir wieder mit dir verschmilzt. Als dritten Schritt musst du darüber nachdenken, was die Schlüssel-Emotion ist, die mit dieser Situation verbunden ist."

Damit hatte ich einige Schwierigkeiten, denn ich konnte meine Schlüssel-Emotion nicht erkennen. Dann fand ich sie anhand eines Beispiels, eine Bekannte betreffend, das ich den Meistern gab. Ich fragte sie, was wohl die Schlüssel-Emotion einer Frau wäre, die vergewaltigt und halb tot liegen gelassen wurde. Wäre es Furcht? Sie sagten: *„Nein, Furcht ist nicht die zugrunde liegende Emotion."* Nach einiger Zeit erkannte ich schließlich, dass die zugrunde liegende Emotion für jemand in dieser Situation Zorn sein würde. Nachdem ich das festgestellt hatte, fragte ich, was der nächste Schritt wäre, um diesen Zorn loszulassen – wobei ich noch immer an diesem Beispiel festhielt.

„Wenn man Zorn loslassen will, um das Vergangene zu heilen, bedeutet das, dass man zornig werden muss! In dem Fall, den wir gerade untersuchen, muss die beteiligte Person zornig werden, um nicht wieder ein Opfer zu sein. Sei dir aber bewusst, dass das nicht bedeutet, sie muss eine ‚zornige Person' werden, denn das ist etwas ganz anderes. Sie sollte warten, bis ihr durch die ‚Gelegenheit zur Heilung' eine Möglichkeit angeboten wird, um zornig zu sein. Nach diesem Erlebnis wird der Geist ihr häufig Gelegenheiten anbieten, um es zu heilen. Wahrscheinlich wird sie jedoch, anstatt zornig zu werden, ihre Emotionen wieder unterdrücken und so die Rolle des Opfers verstärken."

Ich verstand nun, wie das funktionieren könnte. Als ich es aber ihr gegenüber erwähnte, war sie nicht glücklich darüber, dass sie gegen Menschen zornig sein sollte. Sie fragte mich, ob das bedeutet, sie müsste der Person, die ihr das angetan hatte, gegenübertreten. Die Antwort der Meister war:

„Nein, wir schlagen selbstverständlich nicht vor, dass sie sich auf die Suche macht, um ihren Verfolger ausfindig zu machen. Das sollte

vermieden werden, denn wir ermutigen hier nicht zu einer ‚Hexenjagd'! Wir schlagen vor, dass sie die Gelegenheit dann nutzen sollte, wenn sie sich ergibt. Mach dir keine Gedanken über den ‚Spieler', der für diese Rolle ‚verpflichtet' wird. Weißt du nicht, dass sich manchmal ein Meister manifestieren kann, um dir eine Möglichkeit zu deiner Heilung anzubieten?

Wenn also zum Beispiel jemand auf der Straße wegen irgendetwas seinen Zorn an dir auslässt, dann erwidere ihn, anstatt darüber hinwegzugehen, lass den Zorn frei! Du könntest sogar bemerken, dass die Person, wenn du dich nachher nach ihr umdrehst, verschwunden ist."

Ich hatte an mir ein Verhaltensmuster bemerkt, und zwar, dass ich immer „sorry" (tut mir Leid) sagte, auch wenn ich überhaupt nichts getan hatte. Wenn mich jemand im Supermarkt mit seinem Einkaufswagen anrempelte, würde mich das veranlassen, „sorry" zu sagen! Es war nicht leicht, dafür meine zugrunde liegende Emotion zu finden, aber schließlich verfolgte ich es zurück bis zu dem Gefühl, mir selbst Leid zu tun. Ich erkannte nämlich, dass ich mich so sehr selbst bemitleidete, dass ich zu einer „Sorry-Person" geworden war. Um das zu heilen, musste ich damit aufhören, mich zu entschuldigen. Sobald ich meine zugrunde liegende Emotion erkannt hatte, manifestierte sich eine Situation, um sie zu heilen.

An eben diesem Nachmittag saß ich bei meiner Arbeit im Büro, und meine Handtasche stand neben mir auf dem Fußboden. Jemand ging an mir vorbei und stolperte darüber – er trat sogar mitten drauf. Automatisch und ohne zu denken sagte ich: „Sorry" – und erkannte sofort, was geschehen war. Die Person sagte darauf: „Nein, es war mein Fehler, ich war ungeschickt." Ich lächelte und sagte: „O.K., Entschuldigung angenommen."

Für dich mag das nun ziemlich albern klingen, aber normalerweise hätte ich darauf geantwortet: „Es tut mir Leid, ich hätte sie hier nicht stehen lassen sollen." Nur indem ich anders reagierte, löste sich das Muster auf. So schnell ging das! Später an demselben Tag versuchte ich, mich in dem Zeitrahmen zu sehen, in welchem diese emotionale Reaktion ausgelöst worden war, aber ich konnte es nicht. Es war nicht mehr da! Ich hatte es geheilt, und es war kein langwieriger Prozess gewesen!

Es ist mir klar, dass mein „Problem" albern und unwichtig erscheinen mag verglichen mit dem zuvor erwähnten Beispiel – der Erfahrung einer Vergewaltigung. Für ihre Heilung wird sie etliche Versuche brauchen, um zornig zu werden. Das hängt davon ab, wie tief ihr Schmerz begraben ist und wie viel unterdrückten Zorn sie noch empfindet. Ich glaube jedoch, es müsste nicht so lange dauern – mein Gefühl sagt mir, dass sich die Heilung in einem Augenblick ereignen kann, man braucht nur das Muster zu ändern. Die Meister sagten mir:

„Wenn ihr all das losgelassen habt, was euch nicht mehr dient, dann begebt ihr euch in einen neuen Raum, auf einen neuen Weg des Daseins. Ihr lebt dann im JETZT. Im Jetzt zu leben heißt, dass ihr keine Erinnerung braucht – denn Erinnerungen leben in der Vergangenheit. Wenn ihr uns bitten würdet, uns an ein vergangenes Leben zu erinnern und ein paar Details dazu zu berichten, wäre uns das nicht möglich, denn wir halten nicht an Erinnerungen fest. Erinnerungen schleppen die Vergangenheit mit sich.

Würden wir unsere Vergangenheit mit uns schleppen, wären wir nicht fähig, im Jetzt zu leben, und nur im Jetzt lebt all unsere Macht. Und so haben wir unsere Vergangenheit losgelassen – wie auch ihr es lernen müsst. Deshalb haben viele von euch Schwierigkeiten damit, sich zu erinnern. Wir betrachten es nicht als Schwierigkeit – eher als Segen. Wenn ihr die Erinnerungen, die ihr nicht zurückrufen könnt, loslasst, lernt ihr, im Jetzt zu leben!"

Ich wurde gebeten, einen Vortrag zu halten über einige Belehrungen der Meister, aber ich machte mir Sorgen, dass ich vielleicht nicht in der Lage sein würde, mich deutlich an ihre Lehren zu erinnern. Und so bat ich sie deswegen um ihre Hilfe.

„Du versuchst, dich an etwas zu erinnern, das du integriert hast. Deshalb ist es jetzt ein Teil von dir. Du kannst dich nicht an unsere Lehren erinnern, wie du es gern möchtest, auch wenn dir das mehr Sicherheit geben würde, denn unsere Belehrungen gehören nicht zu

deiner Vergangenheit. Deshalb hast du auch keine Erinnerung an sie. Geh und halte deinen Vortrag vom Standpunkt des ‚Jetzt', und dort wirst du uns finden!"

Ich befragte sie darüber noch weiter und auch über ihre anderen Leben, da ich es ein bisschen merkwürdig fand, dass sie sich an keine Einzelheiten erinnern konnten!

„Wenn wir uns an eine vergangene Lebenszeit erinnern möchten, würde das bedeuten, dass wir kurz in diesen Zeitrahmen eintreten und ihn nochmals erleben müssten. Das wäre der einzige Weg, um dir irgendwelche Details zu berichten, denn wir bewahren unsere Erfahrungen nicht auf oder speichern sie als Erinnerung, da wir sonst auch unsere Vergangenheit mit uns schleppen würden.

Verstehe also, dass es wichtig ist, wenn du eine Erfahrung machst – jede Erfahrung, ob gut oder schlecht –, sie loszulassen. Hänge dich nicht an sie. Sich an eine schlimme Erfahrung zu hängen würde nur Unbehagen, Urteilen, Kummer, schlechte Gesundheit und Ärger verursachen. Wenn du eine dieser Emotionen bemerkst, dann weißt du, dass du deine Vergangenheit nicht losgelassen hast, sondern sie immer noch mit dir herumschleppst.

Wir bemerken, dass viele von euch das Gefühl nicht mögen, ein ‚leeres Gefäß' zu sein – es fühlt sich ungewöhnlich an, leer und schlicht zu sein. Und so versucht ihr, euch an eine Erinnerung zu hängen oder danach zu greifen – ihr denkt, dass etwas mit euch nicht stimmt, und ihr macht euch Sorgen, dass ihr euren Verstand verliert. Nun, das geschieht in einem positiven Sinn! Es könnte im wahrsten Sinne eine ‚Gehirnwäsche' sein! Es ist ein gutes Zeichen, wenn ihr eure Erinnerungen loslasst – die eure Vergangenheit sind!"

6. Kapitel

HEILUNG DER BLOCKADEN

„Ihr werdet uns in der Grenzenlosigkeit finden, denn wir wohnen nicht im begrenzten Verstand."

Ich habe nun meine Vergangenheit losgelassen und bin so weit in das Jetzt vorangegangen, dass sich diese nächste Erfahrung tatsächlich vor nur ein paar Stunden ereignet hat!

In habe bemerkt, dass es in letzter Zeit ein sich wiederholendes Muster zu geben scheint, das sich immer und immer wieder abspielt. Ich erreichte in meinem Leben einen bestimmten Punkt, wo meine Träume – meine Schöpfungen – im Begriff waren, sich zu verwirklichen, dann aber zu einem völligen Stillstand kamen. Ich konnte einfach nicht verstehen, warum das immer wieder geschah. Ich wusste, dass ich den tieferen Grund für dieses Problem finden musste, denn nur dann würde ich es heilen können. Was aber war der tiefere Grund? Und wie könnte ich es heilen? Ich weiß, dass ich meine Realität erschaffe – total – und dass es außerhalb von mir nichts da draußen gibt, das mich blockiert. Aber warum blockierte ich mich selbst?

Man hatte mich gelehrt, meine Realität bewusst zu erschaffen, und ich wusste, dass sich meine Schöpfungen realisieren würden, wenn ich bewusst fokussiere. Ich wusste auch, dass sie es nur deshalb nicht taten, weil ich sie am Entstehen hinderte. Wenn ich sage „bewusst erschaffen", dann meine ich damit eine fokussierende Visualisierungs-Technik, die ich gelernt hatte. Dazu muss ich einfach eine Vorstellung so lange, wie ich kann, klar in meinem Geist festhalten. Diese Vorstellung manifestiert sich dann, weil das Bewusstsein die Realität erschafft.

Und so machte ich mich daran, die Blockade aufzulösen. Ich setzte mich hin, schloss die Augen und wiederholte immer wieder: „Ich habe Erfolg mit allem, was ich tue." Danach hatte ich ein merkwürdiges Gefühl in meinem Kehlkopf-Chakra – eine Blockade! Ich machte weiter mit den Wiederholungen, bis ich wusste, dass ich hindurch war. Ich erkannte, dass ich an die eigentliche Ursache des Problems noch nicht herangekommen war – ich hatte etwas erfolgreich freigelegt, aber noch nicht die eigentliche Ursache. Dann versuchte ich es direkt mit: „Ich bin ein Versager.“ – Ich musste das Gefühl des Versagens vollständig erfahren, bevor ich einen Erfolg spüren konnte.

Und so saß ich da und wiederholte laut immer wieder: „Ich bin ein Versager.“ Ich ging ganz tief hinein und erlebte eine Menge Gesichter, die mich anstarrten und lachten. Es war ein schreckliches Gefühl, und wieder schnürte es mir die Kehle zu. Ich ging weiter bis zu dem Punkt, wo ich vor dem Versagen keine Angst mehr hatte. Es war merkwürdig, so dazusitzen mit all diesen Leuten um mich, die mich auslachten und verhöhnten (was hin und wieder in meinem Leben vorgekommen war), und mit einem Mal erreichte ich einen Punkt, wo es mir nichts mehr ausmachte.

Was sind überhaupt Erfolg und Versagen? Doch nur, wie wir etwas wahrnehmen, wie wir eine Erfahrung beurteilen. Ich fühlte mich sehr ermächtigt! An diesem Punkt änderte ich meine Formulierung in: „Ich habe keine Angst vor Erfolg.“ Das Lachen hörte auf, und die Leute verschwanden in einem glänzenden goldenen Licht. Dann sah ich, wie sich mir eine Hand entgegenstreckte mit eine silbernen Platte und einem Schlüssel darauf. Mit diesem Schlüssel musste ich mein Kehlkopf-Chakra aufschließen, und als ich das tat, flog eine Taube heraus.

Ich spielte eine Weile mit ähnlichen Worten, und dann entdeckte ich etwas, das noch tiefer in mir verborgen war. Ich hatte Angst vor meiner eigenen Macht – hört sich das bekannt an? Da man mich gelehrt hatte, keine Angst davor zu haben, ein „dunkles Zimmer“ zu betreten, entschied ich mich, ganz in die Machtlosigkeit zu gehen, sie voll zu erfahren und dann an der anderen Seite wieder herauszukommen. Ich wiederholte immer wieder – insgesamt ungefähr fünfzigmal: „Ich habe Angst vor meiner Macht.“ Ich bemerkte, dass etwas Seltsames vor sich ging. Ich hatte das Gefühl, ich werde kleiner, schrumpfe zusammen und meine Farbe wird dunkel. Ich fühlte mich, als wäre ich allein und isoliert, fast so, wie man sich den Teufel vorstellt! Ich fing an, mich in meinem Kehlkopf-Chakra eingeengt zu fühlen und zu würgen, als müsste ich mich gleich übergeben. Ich wusste, ich hatte das Zentrum der eigentliche Ursache erreicht.

An diesem Punkt begann ich, das Verfahren umzukehren und meine Muster zu ändern. Ich sagte: „Ich habe keine Angst vor meiner Macht.“ Wieder und wieder sagte ich das, bis ich mich immer größer und größer, leichter und leichter werden fühlte und die Einengung in meiner Kehle verschwand. Nachdem ich das für eine Weile wiederholt hatte, änderte ich es zu: „Ich bin ein machtvolles Wesen.“ Die Energie, die ich in mir fühlte, war erstaunlich. Obwohl ich mich danach ein wenig traumatisiert fühlte, erkannte ich, dass ich die Muster nicht wirklich befreien konnte, wenn ich nicht vollständig in sie hineingehe bis zu dem Punkt, wo ich keine Angst mehr habe.

Ich versuchte dieselbe Technik bei einem Freund, der immer sagte, dass er sich von den Meistern und Engeln abgeschnitten fühlt, und der sich wünschte, er könnte Dinge erleben wie ich. Nachdem wir einige Zeit verschiedene Affirmationen angewandt hatten, stellte er fest, dass sie sein Gefühl der Unwürdigkeit eingedämmt hatten. Der eigentliche Grund war, dass er sich von Gott abgeschnitten fühlte. Er musste immer wieder sagen: „Ich bin es wert, von Gott geliebt zu werden.“ Nach einer Weile brach er in Tränen aus und schluchzte und schluchzte. Er sagte, dass er sich nun völlig verbunden fühlt und dass sich seine Gedankenprozesse verändert haben. Er fühlt sich wieder-vereint und kann jetzt voll und ganz ein Ausdruck seiner Quelle sein.

Für einige Stunden war ich noch ein bisschen traumatisiert, denn dramatische Veränderungen der Energie fühle ich in meinem ganzen Körper.

Mir ist klar, dass die Dinge sich niemals ändern werden, wenn wir nicht an die Wurzel des Problems herankommen. Wir können zu „Readings“ gehen, unzählige Heilbehandlungen von andern bekommen, Verbrennungsrituale abhalten, den ganzen Tag Affirmationen aufsagen, dass wir dies oder jenes sind, aber es wird niemals funktionieren.

Wenn du glaubst, du hast eine Blockade, könntest du diese Methode für dich ausprobieren. Es könnte einige Zeit dauern, um zur Ursache vorzudringen, das hängt davon ab, wie tief das Problem in dir begraben liegt. Aber halte durch – es lohnt sich!

An dieser Stelle möchte ich kurz über die Chakren sprechen. Es ist notwendig, darüber Bescheid zu wissen, denn du wirst in einem oder in mehreren deiner Chakren eine Reaktion bemerken, wenn du diese Übungen machst. Es ist daher wichtig, in etwa zu verstehen, worauf sich jedes Chakra bezieht, damit du das größere Bild sehen und Blockaden besser verstehen kannst.

Das erste Chakra oder Basis-Chakra bezieht sich auf deine Grundlagen und die Sicherheit im Leben. Wann immer deine Grundlagen gefährdet sind, „verlierst du den Boden" – bist du nicht geerdet. Menschen, die umziehen oder ihren Beruf wechseln, haben oft ein Ungleichgewicht im Wurzel-Chakra.

Das zweite Chakra repräsentiert Geben und Nehmen und die Sexualität. Eine Menge Gesundheitsprobleme hängen mit Blockaden in diesem Chakra zusammen, da es sehr häufig vorkommt, dass jemand gern gibt, aber Schwierigkeiten damit hat, dankbar Geschenke anzunehmen.

Das dritte Chakra repräsentiert deine Willenskraft. Wenn du zum Beispiel deine Willenskraft unterdrückst und unterwürfig wirst, dann wird sich die Blockade hier bemerkbar machen.

Das vierte Chakra steht für alle Arten von Unterstützung durch das Universum – universelle Liebe, Überfluss usw. Wahrscheinlich hast du hier eine Blockade, wenn du Probleme hast, weil du dich unwürdig fühlst.

Das fünfte Chakra repräsentiert Kommunikation und alle Formen des Ausdrucks.

Das sechste Chakra könnte zusammenhängen mit Problemen der Sehkraft und auch mit Kopfschmerzen. Obwohl ich glaube, dass diese Probleme in den Bereich „Gesundheit" gehören, könntest du außer den Reaktionen im sechsten Chakra auch Reaktionen im zweiten fühlen. Das sechste Chakra ist auch mit der inneren Schau verbunden.

Das siebte oder Kronen-Chakra fokussiert das hereinkommende Licht und steht so in Verbindung dazu, auf Erden wirklich Gott zu werden. Wenn du dich deinen Problemen und Blockaden widmest, kannst du dein Gott-Selbst im physischen Körper voll zum Ausdruck bringen.

Nachdem wir kurz die Chakren behandelt haben, können wir nun die Informationen praktisch anwenden. Setz dich irgendwo hin, wo du für einige Zeit nicht gestört wirst. Schließ die Augen. Beginne laut und ohne Pause eine Affirmation aufzusagen. Falls du dich vielleicht unwohl fühlst, könntest du erklären: „Ich bin vollkommener Gesundheit würdig." Wiederhole diesen Satz immer wieder, bis du eine besondere Empfindung in deinem Körper, spürst. Mach weiter und achte auf das Chakra, in welchem du diese Empfindung bemerkst. Erlaube dir, ganz in dieses Gefühl hineinzugehen. Wenn du weinen möchtest, dann weine.

Wenn du diesen Punkt erreichst, weißt du, dass du bei der Ursache für deine Blockade bist. Dann kannst du damit beginnen, dich neu zu programmieren auf ‚ausgezeichnete Gesundheit'. Setze deine Affirmationen fort, bis du fühlst, dass eine Veränderung stattfindet und das Gefühl das Chakra verlässt. Dann weißt du, dass du deine Blockade geheilt und dich neu programmiert hast.

Wenn du bei der Wurzel des Problems angelangt bist, dann geschieht energetisch, dass du den Zeitrahmen betrittst, wo es zum ersten Mal ausgesät wurde. Du kannst dich nur neu programmieren, wenn du in diesen Zeitrahmen gehst und die Muster des Saatguts veränderst. Es ist wichtig zu wissen, dass es nicht nötig ist, etwas zu sehen, oder dass du die Situation wie bei einer Rückführung noch einmal erleben musst. Da ich jetzt sehr visuell bin, war ich fähig, bestimmte Bilder zu sehen. Aber das ist nicht notwendig. Wenn du versuchst, etwas zu sehen, richtest du deinen Fokus nicht mehr auf das Fühlen. Das *Fühlen* ist hierbei wichtig, denn das tief verwurzelte Gefühl veranlasst dich, dich unwürdig, unwohl oder ungeliebt zu *fühlen*.

Wenn du auf der anderen Seite dieser Erfahrung wieder herauskommst, wirst du feststellen, dass energetische Veränderungen stattfinden. Sorge also dafür, dass du dich für den

Rest des Tages pflegst. Wenn du weißt, dass du dich von der Blockade befreit hast, wirst du fähig sein, am nächsten Tag durch fokussierte Visualisierung dein Erschaffen fortzusetzen.

Ich bat die Meister, mir zu erklären, wie mächtig und wie wirkungsvoll diese Technik tatsächlich ist.

„Diese Technik ist äußerst wichtig für all diejenigen, die versuchen, eine bestimmte Ebene der Meisterschaft über sich selbst zu erreichen. Ein Teil dieser Meisterschaft ist, klar zu sehen, wo ihr eine Blockade habt, und dann diese uralte Technik anzuwenden, um sie aufzulösen. Wenn ihr das tut, schreibt ihr für euch ein neues ‚Drehbuch'.

Es ist schwierig, wirklich in die Bereiche bewussten Erschaffens zu gehen, wenn man alte, dichte Muster in seinem Inneren gespeichert hat. Manchmal ist es jedoch sogar schwierig zu wissen, dass es Probleme gibt, mit denen man beginnen soll, besonders wenn sie über einen langen Zeitraum gespeichert wurden. Sie könnten so tief vergraben und versteckt sein, dass es für alle empfehlenswert ist, mit Affirmationen ‚herumzuspielen'. Ihr könntet dabei überrascht sein, wie viele verschiedene ungelöste Probleme ihr noch habt!"

Ich wurde auch darauf hingewiesen, dass es gut wäre, zu der gleichen Affirmation etwas später zurückzukehren, nur um festzustellen, dass ich nicht die gleichen Probleme von neuem erschaffen hätte. Man sagte mir, dass uns das leicht passieren könnte, denn wenn ein Problem lange Zeit tief in uns verwurzelt war, kann es sehr schwer sein, es aufzugeben.

„Blockaden können in vielen Verkleidungen auftreten. Es ist immer klug, das zu überprüfen. Wenn ihr eine Führung bekommt, vergewissert euch, dass sie nicht vom ‚Saboteur' kommt. Mit anderen Worten, vergewissert euch, dass eure Führung eurem Wohl dient und nicht eure Träume und Schöpfungen sabotiert."

Ich weiß, das könnte ein bisschen bizarr klingen, aber sie sagten mir, dass wir uns sehr leicht durch Angst sabotieren und dass viele Menschen tief in sich verborgen einen geheimer Saboteur mit sich herumtragen. Sie sagten, dass sie uns täglich dabei beobachten, und wenn der „Saboteur" viele Jahre verborgen war, dann kann er für uns unsichtbar geworden sein.

„Wenn ihr im Leben vor eine Wahl gestellt werdet, ist es immer das Beste, alle Möglichkeiten abzuwägen und Führung von der höchstmöglichen Ebene zu verlangen. Entscheidet euch nicht immer für das Naheliegendste."

Man sagte mir, ich sollte „die Spur zurückverfolgen" und nachsehen, ob sich an ihrem Ende ein „Saboteur" befindet!

„Zum Beispiel ist es klug, gründlich darüber nachzudenken, bevor ihr zu etwas ‚nein' sagt, denn ihr könntet euch durch Angst sabotieren. Wenn ihr euch selbst befragt und entdeckt, dass Angst der Grund für euren Ausstieg ist, dann wäre es ratsam, noch einmal darüber nachzudenken. Wenn ihr das tut, was euch Angst macht, könnte das sehr wohl die beste Wahl sein, die ihr je getroffen habt, denn es könnte euch viele Türen öffnen, die sonst verschlossen geblieben wären."

Man rät uns also, weitere Abenteuer nicht abzublocken und daran zu arbeiten, unsere inneren Blockaden zu lösen, um die „äußeren" Blockaden freizusetzen.

„Wenn ihr das tut, können in eurem Leben viele große Veränderungen stattfinden, denn dann habt ihr unbekanntes Territorium betreten. Dieses unbekannte Territorium heißt ‚Grenzenlosigkeit'! In dieser Grenzenlosigkeit werdet ihr uns finden, denn wir wohnen nicht im begrenzten Verstand. Es gibt noch einen anderen Namen für dieses unbekannte Territorium – man kennt es auch als ‚die Leere'. In der Leere existieren alle Möglichkeiten – es ist gut, dort zu sein."

Der Gedanke an die Leere erschreckt viele Menschen, aber die Leere ist wirklich sehr positiv. Nichts ist von ihr ausgeschlossen und deshalb ist in ihr alles möglich. Viele künstlerische Menschen sind fähig, ihre Kreativität auszuweiten, indem sie sich mit der Leere verbinden, denn sie enthält jede nur denkbare kreative Lösung.

7. Kapitel

LIEBE IN AKTION

„Wo Mitgefühl ist – folgt Liebe."

Endlich war der Frühling da! Der graue Winterhimmel war einem sanften Blau gewichen. Weiße Flockenwölkchen schwebten am Himmel, und dahinter lugten die ersten Strahlen der Frühlingssonne hervor. Mit den heimgekehrten Zugvögeln kam auch ein Gefühl von Optimismus. Die Luft war erfüllt vom Gesang der Vögel, und alles schien wieder zum Leben zu erwachen. Für mich ist der Frühling „Liebe in Aktion".

Ich wurde an diesem Tag von dem Aufgestiegenen Meister El Morya begrüßt, der über dieses Thema sprechen wollte.

„Sei mir gegrüßt, dies ist dein Freund El Morya. Heute möchte ich über mein Lieblingsthema sprechen – ‚Liebe in Aktion'. Dazu muss ich mit dir über eine Sache diskutieren, die einige von euch als etwas herausfordernd empfinden werden. Es ist gut, wenn euer Glaubenssystem hin und wieder herausgefordert wird, denn so werdet ihr aus eurem Bequemlichkeitsbereich in unbekanntes Territorium gestoßen. An sich ist diese Aussage jedoch falsch, denn in Wahrheit gibt es keine ‚unbekannten Territorien'; alles ist Gott bekannt, alles ist Gott. Es ist für euch gut, ab und zu über euren Bequemlichkeitsbereich hinauszugehen, denn ihr stagniert, wenn ihr nur bei dem bleibt, was ihr kennt.

Und so ist es meine Aufgabe sicherzustellen, dass ihr über das nachdenkt, was ich euch lehre, und dass ihr aufgrund meiner Worte zulasst, aus diesem Bequemlichkeitsbereich herausgeführt zu werden.

Bekanntlich versuchen manche, dem Planeten zu helfen, indem sie Energie aussenden. Ich sage euch, viele tun das aus einem Gefühl von Schuld. Euer zugrunde liegendes Gefühl ist Schuld; Schuld, weil ihr kollektiv den Planeten ‚ruiniert' haben könntet. Ich frage euch: Welche Energie, glaubt ihr, ist mit Schuld verbunden? Die Antwort ist: Angst.

Das ist die Emotion, die mit Schuld verbunden ist. Würdet ihr dann also nicht sagen, dass ihr Angst aussendet? Ich bitte euch dringend, darüber nachzudenken, denn es gibt genug Angst in eurer Welt, der nicht noch weitere hinzugefügt werden muss.

Ich habe für euch noch eine Frage zum Überlegen: Was ist der Unterschied zwischen Mitgefühl und Liebe?

Mitgefühl lässt zu – Liebe verändert.

Denkt darüber nach, denn wenn ihr wirklich Mitgefühl für eure Welt habt, dann werdet ihr zulassen. Wenn ihr Mitgefühl habt, führt euch das zur Liebe, und nur durch Liebe könnt ihr Situationen heilen und verändern.

Ein Meister zu sein erfordert, nur nach eurer Wahrheit zu handeln und nicht nach der eines anderen. Ihr werdet es wissen, wenn es eure Wahrheit ist, planetare Heilungsmeditationen und Zeremonien auszuführen, ihr werdet dann sehr deutlich geführt und angewiesen werden. Wenn nicht, dann seid nicht wie ein Schaf, das einfach der Herde folgt, weil das Leben so einfacher ist. Steht fest in eurer Wahrheit, auch wenn das bedeutet, allein zu gehen.

Ihr könnt nicht Liebe aussenden, wenn ihr für euch selbst nur sehr wenig Liebe empfindet, das entspricht dem verwundeten Heiler. Der Weg zur Eigenliebe führt über das Mitgefühl: Erlaubt euch, einfach der zu sein, der ihr seid. Seht ihr, viele von euch haben eine Menge Zorn und Schmerz in sich gespeichert und ihr könnt euch nicht zur Liebe zwingen. Der beste Rat ist, euch diesen Zorn und Schmerz einzugestehen und dann damit zu beginnen, ihn aufzulösen. Das geschieht durch Mitgefühl. Sagt einfach zu euch: ‚Ich gebe zu, dass ich heute zornig bin, aber es ist O.K., dass ich so empfinde.' Sprecht freundlich zu euch, sagt euch immer wieder, dass es in Ordnung ist, so zu empfinden. Das bedeutet, Mitgefühl für euch zu haben. Je mehr ihr durch Mitgefühl zulasst, umso mehr Liebe entsteht. Liebe verändert die Energie, und deshalb wird sie den Zorn auflösen.

Viele glauben immer noch, sie müssten etwas tun, entweder physisch oder durch Meditation und dadurch, dass sie Energie aussenden. Ich möchte, dass ihr Folgendes wisst: Den größten Eindruck könnt ihr in eurer Welt hinterlassen, wenn ihr eine heilende Ausstrahlung habt. Zuerst heilt euch selbst, dann erlaubt euren Worten, eurer Berührung und eurer Ausstrahlung, heilend zu wirken. Wenn ihr diese Ausstrahlung habt, wird jeder, der mit euch in Kontakt kommt, anfangen zu gesunden. Denkt daran, Meister Jesus hatte eine heilende Ausstrahlung, er konnte nur durch sein Wesen heilen. Menschen, die ihm nahe kamen oder nur sein Gewand berührten, wurden geheilt.

Auch ihr könnt eine so machtvolle Ausstrahlung bekommen, aber ihr müsst zuerst anerkennen, dass es eure Gegenwart, eure Energie ist, die heilt, nicht das, was ihr tut oder aussendet. Wenn ihr in dieser Welt ein Licht wäret, warum würdet ihr glauben, es aussenden zu müssen? Das müsstet ihr nicht. Ihr würdet verstehen, dass ihr dazu nur das Licht SEIN müsst. Wenn ihr diese heilende Ausstrahlung habt, werdet ihr zu einem Signalfeuer des Lichts. Das wird eure Welt verändern – nicht das Aussenden von Energie, sondern das Hereinziehen von Licht, das Hereinziehen von Licht durch Mitgefühl.

Merkt euch: Wenn ihr wirklich wünscht, eurem Planeten zu dienen, dann müsst ihr damit in euch beginnen – wir kommen immer wieder auf diese Wahrheit zurück –, fang in euch an! Wenn ihr Mitgefühl und Liebe für euch empfindet, wird sich diese Liebe in der Welt widerspiegeln. Das ist wirklich der einzige Weg, wie ihr eure Welt verändern werdet. Nie werdet ihr sie oder andere oder euch selbst durch Schuldgefühle heilen – habt Mitgefühl und lasst zu. Lebt nicht in dem falschen Glauben, ihr müsstet versuchen, jeden zu heilen, der mit einer traurigen Geschichte zu euch kommt. Wenn ihr Mitgefühl für diese Menschen habt, dann erlaubt ihnen ihre Reise.“

Ich sagte zu El Morya: „Angenommen, wir fühlen uns hilflos und meinen, wir sollten etwas tun, um die Dinge in Ordnung zu bringen. Heißt das dann auch, wir sollten nie jemand heilen? Das scheint mir nicht sehr mitfühlend zu sein!“

„Ich will damit sagen, lernt zu erkennen, wann ihr eure Hilfe anbieten sollt und wann nicht; geht zu eurer Wahrheit. Seid keine

Märtyrer, indem ihr denkt, es sei eure Pflicht, jedem zu helfen. Wenn jemand schwer beladen mit Schwierigkeiten zu euch kommt, prüft zunächst, ob es für euch richtig ist, ihm zu helfen. Wenn es für euch nicht richtig ist, etwas zu tun, dann vertraut darauf als mitfühlende Wesen und erlaubt ihnen einfach ihre Reise. Ihre Seele könnte entschieden haben, dass es Zeit für sie ist, mit ihrem Heilungsprozess zu beginnen.

Manchmal kann es schmerzhaft sein, mit einem Heilungsprozess zu beginnen, besonders dann, wenn es eine Menge umzudrehen und anzusehen gibt. Wenn ihr versucht, ihnen zu helfen und sie vor ihrem Schmerz zu bewahren, könntet ihr mehr Schaden anrichten als Gutes tun, denn ihr würdet den Prozess ihrer Heilung stören. Die größte Liebe, die ihr für andere haben könnt, ist, ihnen ihre Reise zu erlauben. Wir müssen euch auch eure Reise erlauben, durch Erfahrungen zu lernen und zu wachsen. Würden wir einschreiten und versuchen, euch vor leidvollen Erfahrungen zu bewahren, wäre das eine Einmischung in euren freien Willen.

Erlaubt nicht den Schuldgefühlen, sich euch in den Weg zu stellen, wenn ihr eure Wahrheit lebt. Um eure Wahrheit zu leben müsst ihr euch fragen, ob ihr wünscht oder fühlt, dass es richtig ist, etwas zu tun. Wenn ihr das Gefühl habt, dass es nicht richtig ist, dann müsst ihr euch fragen: ‚Warum nicht?' Mit anderen Worten, ihr müsst immer eure Motive prüfen für den Fall, dass die Angst euch zu sabotieren versucht. Wenn ihr jedoch eure Motive überprüft habt und es einfach nicht eure Wahrheit ist, dann tut es nicht. Tut nicht etwas aus einem Schuldgefühl heraus – das ist Angst. Lebt eure Wahrheit. Wenn ihr eure Wahrheit ignoriert, etwas tut, was ihr nicht tun wollt, dann werdet ihr es unwillig tun. Deshalb ist es wichtig, eure Wahrheit zu überprüfen – folgt ihr, dann kann kein Groll in euch wohnen."

Ich fragte: „Wie können wir uns vergewissern, dass es unsere Wahrheit ist, der wir folgen?"

„Wie ich schon sagte, prüft eure Motive und eure Gefühle – wenn es sich richtig anfühlt, dann tut es. Lernt, eure psychischen Fähigkeiten und eure Sinne zu erweitern."

Ich fragte: „Wie?"

„Um eure psychischen Fähigkeiten zu erweitern, müsst ihr zuerst lernen, ihnen zu folgen! Folgt den Zeichen, die ihr aus eurem Umfeld erhaltet. Je mehr ihr euren ‚Ahnungen' folgt, umso mehr werden sich diese Fähigkeiten entwickeln. Diese Zeichen werden euch jedoch nicht unbedingt wie Lichtblitze vom Himmel gegeben, sie sind sehr subtil. Sie können leise sein wie Tiere, die über euren Weg laufen, sie können der Impuls sein, ein Buch zu lesen oder ein Musikstück zu hören, oder sie können eine Mitteilung auf einer Reklametafel sein. Die meisten Menschen leben so unbewusst, dass sie diese Zeichen übersehen und deshalb keine Führung erhalten.

Da ist noch eine andere Sache, über die ich sprechen möchte. Wenn ihr einmal eure Führung erhalten habt – über diese Ahnungen und subtilen Botschaften –, dann ist es wichtig, ihnen zu folgen! Hört auf mit eurem ständigen Fragen, was dabei herauskommen könnte – das ist gleichgültig. Man muss nicht immer den Ausgang jeder Situation kennen – lasst die Reise sich einfach selbst entwirren. Wenn es schwierige Situationen in eurem Leben gibt und ihr darum kämpft, eure Ängste zu besänftigen, dann können wir verstehen, dass ihr wissen möchtet, wie es ausgehen wird. Vielleicht hilft es euch, die Dinge aus einem anderen Blickwinkel und somit aus einem größeren Bild heraus zu sehen. Versucht, euch daran zu erinnern, dass es nur ein Kapitel in eurem Leben ist – nur ein Kapitel – das ist alles. Nun ist aber bei jedem ‚Kapitel' wichtig, dass ihr darüber nachdenkt, was es euch über euch selbst lehren möchte. Was muss gemeistert werden? Geht nach innen und seht es euch an."

Ich fragte ihn, was es wirklich heißt, „nach innen zu gehen". Ich hatte schon viele Male zuvor davon gehört, war mir aber immer noch nicht sicher, was damit wirklich gemeint ist.

„Nach innen zu gehen bedeutet Kontemplation – sich selbst zu betrachten. Wenn ihr euch selbst betrachtet und Erkenntnis erlangt, seid ihr ‚im Licht von euch selbst'. Im ‚Licht von etwas' zu sein heißt, es zu verstehen. Das ist Selbst-Bewusstsein. Je mehr ihr selbst-bewusst werdet, desto mehr werdet ihr erleuchtetet. Erleuchtung ist daher ein allmählicher Prozess. Je mehr ihr nach innen geht, euch betrachtet, selbst-bewusst werdet und Erkenntnis erlangt, umso mehr

Bewusstsein werdet ihr haben. Schließlich werdet ihr an einen Punkt kommen, wo ihr so selbst-bewusst seid, dass am Ende Ausgewogenheit besteht und ihr Erleuchtung erlangt.

Kontempliert also oft über euch, betrachtet euch durch andere und durch das Leben um euch, seht euch selbst in allen Dingen – wie in einem Spiegel.

Lasst uns zurückkehren zum Thema Mitgefühl und Liebe. Wie ich schon erwähnt habe, könnt ihr nichts wirklich außerhalb von euch selbst lieben, wenn ihr euch nicht zuerst in eurem Inneren selbst liebt.

Wenn ihr nun Emotionen gespeichert habt, Probleme, die beachtet werden müssen – warum zieht ihr euch dann nicht an einen langweiligen Ort zurück? Wie wir in diesem Buch schon gesagt haben, sehnen sich viele nach Unterhaltung, um so die Konfrontation mit sich selbst zu vermeiden. Ich möchte euch empfehlen, euch häufig an einen langweiligen Ort zurückzuziehen. Geht irgendwohin, wo ihr wenigstens für einen Tag und eine Nacht allein seid. Stellt die Musik ab, den Fernseher und andere äußere Ablenkungen, setzt euch einfach hin. Lest nicht oder findet nicht etwas, das eure Gedanken von euch ablenkt – geht in euch.

Wenn euch nun langweilig wird, werdet ihr bemerken, dass viele Emotionen an die Oberfläche kommen. Erlaubt ihnen aufzusteigen. Bringt euch dazu, euch richtig gelangweit zu fühlen – ich weiß, das hört sich langweilig an! Aber es ist eine gute Methode, diese vergrabenen Emotionen zu befreien. Ihr werdet Emotionen erfahren, von denen ihr nicht einmal gewusst habt, dass es sie gibt. Ihr würdet es nicht gerade als Vergnügen bezeichnen, aber es ist dazu geeignet, euch ein wenig näher zu euch selbst zu bringen. In der Stille werdet ihr euch finden. Wir Meister erfahren keine Langeweile, denn wir haben alle unsere Teile betrachtet und von ihnen gelernt. Wir sind zufrieden und haben inneren Frieden, und so erfahren wir keine Langeweile mehr. Auch ihr werdet diese Erfahrung machen, aber nur, wenn ihr aufhört zu ‚rennen'.

Erinnert euch, alle versuchen, die Welt von außen zu verändern. Wenn es in eurer Realität Konflikt gibt, dann gibt es einen Konflikt in eurem Inneren. Gäbe es keinen Konflikt in euch, dann könnte es auch keinen Konflikt im Äußeren geben. Alle möchten in ihrem Leben ein tiefes Gefühl inneren Friedens haben. Ihr könnt keinen Frieden haben, wenn ein Konflikt in eurem Inneren ist. Ebenso könnt ihr keinen Frieden außerhalb von euch selbst erlangen. Wenn ihr in eine andere Gegend zieht, einen anderen Job findet, den Partner wechselt oder eine Million Euro gewinnt, dann wird euch das nicht den Frieden bringen, den ihr sucht. Vielleicht fühlt ihr euch für eine Weile besser, aber es wird nur kurzfristig sein und nicht dauerhaft. Es ist deshalb nicht von Dauer, weil es sich außerhalb von euch selbst befindet.

Wo Konflikt ist, kann kein Friede sein. Die richtige Reihenfolge ist, wie ich schon erwähnt habe, zuerst zuzulassen. Wenn ihr zulasst, entsteht Mitgefühl, dann folgt Liebe, denn Mitgefühl und Liebe arbeiten Hand in Hand. Wo wahres Mitgefühl ist, da ist auch wahre Liebe, und wo wahre Liebe ist, da ist auch wahres Mitgefühl; ihr könnt nicht das eine ohne das andere haben. Das ist bedingungslose Liebe. Hier ist also ein natürliches Fließen: Mitgefühl > Liebe > Frieden. Friede kann nicht sein, wo Konflikt ist. Wenn ihr eine bessere Welt wollt, dann löst zuerst eure Probleme.

Für die meisten von euch würde es zu lange dauern, tief in jedes eurer Probleme hineinzugehen, um all eure Unsicherheiten, all eure Ängste und euren Groll zu betrachten und zu verstehen. Dazu müsstet ihr immer und immer wieder zurückgehen. Viele nehmen an langen Kursen und Workshops teil und versuchen, ihre ‚Schränke zu leeren' und sich von ihrer Vergangenheit zu befreien. Ihr habt nicht die Zeit für dieses ganze Aufarbeiten, und es besteht auch keine Notwendigkeit dafür. Das erzeugt in euch einen Konflikt, denn ihr versucht, euch von etwas zu befreien, das ihr an euch nicht leiden könnt. Vergesst diese langwierigen und oft teuren Methoden, versucht statt dessen, Mitgefühl zu haben. Gebt zu, dass ihr in einer bestimmten Art fühlt, und sagt zu euch: ‚Es ist O.K.' Ihr sollt Frieden und Harmonie erlangen und damit aufhören, emotional hin und her zu schaukeln. Ihr fragt euch, warum wir nicht in euer Leben eingreifen und euch mehr helfen. Wir tun es deshalb nicht, weil wir Mitgefühl haben, wir erlauben euch eure Reise.“

„Ich möchte dich gerne über Erleuchtung befragen und ob diese nur etwas für Lichtwesen ist.“

„Gute Frage! Die Antwort könnte dich jedoch ein bisschen überraschen, denn sie lautet: Nein! Wenn du noch einmal liest, was ich

dich eben über Erleuchtung gelehrt habe, dann wird sie durch Selbst-Bewusstsein erlangt, nicht wahr? Selbst-bewusst zu sein bedeutet nicht unbedingt, ein ‚guter Kerl' zu sein. Um es in der dir verständlichen Sprache auszudrücken: Auch ein mehrfacher Mörder kann zum Beispiel durch Kontemplation über sich und seine Tat selbst-bewusst werden. Er kann dann durch seine eigene Erfahrung erleuchtet werden. Interessanterweise hätte einer wie er wahrscheinlich sehr wenig Angst und wahrscheinlich auch sehr wenig Schuldgefühle. Die meisten Schwierigkeiten, sich von diesen beiden Dingen zu befreien, hätten diejenigen, die danach streben, vom Licht erhellt zu werden. Und somit kann eine ‚dunkle' Person sozusagen durch Dunkelheit ‚erhellt' werden."

Ich bezweifelte das, denn obwohl ich es interessant fand, war es für mich doch auch etwas beunruhigend. „Sagst du damit, dass ein Mörder sich nicht „erhellen" muss, um ein Meister zu sein?"

„Genau das sage ich! Es gibt eine Menge Herren der Dunkelheit (Lords of Darkness) und – ja – sie sind entwickelte Wesen! Ihr müsst euch nicht unbedingt durch Licht entwickeln – das wäre begrenzend."

„Wie also wachsen sie?", fragte ich.

„Durch ihre eigene Erfahrung. Ihr benötigt nicht nur Erfahrungen mit dem Licht, um zu wachsen und euch zu entwickeln."

Ich war hartnäckig: „Aber da wird doch sicher ein Punkt kommen, wo sie ihre Dunkelheit loslassen müssen, um wieder mit der Einheit Gottes zu verschmelzen?"

„Nein, nicht loslassen – integrieren ist eine bessere Bezeichnung. Wenn ein Meister ein Meister der Dunkelheit war, wird er sich in dieser Dunkelheit sehr gut kennen, aber er wird sich nicht kennen in seiner Helligkeit. Um ‚ganz' zu werden, müsste er deshalb seine Helligkeit integrieren. Findest du das nun nicht ziemlich interessant in Anbetracht dessen, dass viele versuchen, sich selbst durch das Licht zu erkennen und nur durch das Licht? Siehst du nicht, dass das auch nicht die Ganzheit ist?

Und somit, wie wir schon viele Male zuvor gesagt haben, verbergt nicht eure Dunkelheit – umarmt sie! Wenn es eure Wahl ist, Ganzheit zu erlangen, dann habt Mitgefühl für eure dunkle Seite. Wenn ihr eure dunkle Seite mit Mitgefühl betrachtet (vielleicht in eurer langweiligen Zurückgezogenheit), wird das eure dunklen Kanten glätten. Denkt daran: Wo Mitgefühl ist, folgt Liebe. Durch Liebe wird die Energie verändert. Das ist dann LIEBE IN AKTION.“

8. Kapitel

DIE HERREN DER DUNKELHEIT

„Es gibt mehr Wege, sich zu entwickeln, als nur durch Licht!“

Ich entdeckte, dass El Morya einer der Meister ist, die es lieben, dich aus deinem Bequemlichkeitsbereich mit einem Stiefel Größe 45 hinauszustoßen. Er ist nichts für die Zaghaften unter uns und auch nichts für diejenigen, die nur eine sehr sanfte Annäherung lieben. Er war immer sehr direkt und brachte alles auf den Punkt, und ich erwartete nicht, dass er in diesem Kapitel anders sein würde.

Ich rief ihn, um ihn noch weiter über diese Dunklen Herren zu befragen, die er im vorigen Kapitel erwähnt hatte. Ungefähr eine Woche später erschien er. Ich habe gelernt, dass die Meister zu ihrer eigenen Zeit kommen, und so wurde ich ziemlich oft für ein paar Tage allein gelassen, um über das nachzudenken, was sie mich gelehrt hatten. Sie würden erscheinen, wenn sie dazu bereit wären, nicht, wenn ich es in meiner Ungeduld wünschte.

„Guten Abend! Ja, ich bin zurückgekommen, um dir etwas mehr zu erklären. Ich habe dir gesagt, dass diese Dunklen Herren durch ihre eigene Erfahrung wachsen, nicht wahr? Gut, hier ist das, was ich dich lehren will. Gott, dein Schöpfer, liebt alles, was er erschaffen hat. Er trifft keine Auslese. Es ist schwer für dich, dir die Größe der Liebe Gottes für seine Schöpfung vorzustellen. Seine Liebe ist so groß, dass Er dir erlaubt, dich so auszudrücken, wie du es möchtest. Er mischt sich nicht ein, denn Er ist der Beobachter.

Du hast verstanden, dass deine dunklen Augenblicke, die dunkelsten Punkte in deinem Leben, dich zu einem tieferen Verständnis über dich selbst geführt haben. Mit anderen Worten, du bist durch Erfahrung gewachsen. Manche Dinge möchtest du nicht noch einmal erleben, und das ist auch nicht notwendig. Notwendig ist, dass du aus den Erfahrungen Verständnis gewinnst."

„O.K., wir lernen also aus unseren Erfahrungen. Wenn wir dann über uns nachdenken, werden wir selbst-bewusst. Du hast erwähnt, dass es begrenzend ist, durch Licht und nur durch Licht zu lernen. Kannst du mir mehr dazu sagen?"

„Ja. Wie wir schon im ersten Kapitel erwähnt haben, ist es eine Falle, in einem ‚hellen Raum' zu bleiben. Viele in der New Age-Bewegung befinden sich in so einem Raum. Es ist begrenzend, darin zu leben. Dieser Raum ist spirituell, das heißt nicht geerdet. Das ist Wissen ohne Beweise. Zu wissen, wie man Schmerz, Krankheit und Armut überwindet, wie man zur Bilokation fähig ist usw., das ist eine Sache, aber es zu beweisen ist eine andere Sache. Es zu beweisen bedeutet, zuerst die Angst loszulassen, die Angst loszulassen bedeutet, ihr aufrecht gegenüberzutreten, ihr gegenüberzutreten bedeutet, aus diesem hellen Raum herauszukommen."

„Kannst du mir erklären, wie das Leben der Dunklen Herren ist, wenn sie sich einmal jenseits dieser Dimension befinden?"

„Nun, ihr Leben wäre so, wie sie es erschaffen hätten. Genau wie du sind sie nicht begrenzt in ihrem Ausdruck.

Lass mich das ein wenig zurückverfolgen. Ich möchte dich zurückführen zu dem Punkt, wo sie die irdische Ebene verlassen haben. Weißt du, ein Herr der Finsternis verlässt die irdische Ebene und die dritte Dimension genauso wie jeder andere. Sie reisen durch denselben Wirbel – denselben Lichttunnel –, der sie in die neue

Dimension trägt. Hier könnte es nun ein wenig herausfordernd für dich werden, und du wirst einen offenen Verstand und ein offenes Herz brauchen, um es zu akzeptieren:

Die höheren Dimensionen sind nicht allein für diejenigen, die dem Licht angehören. Es gibt dort keine Orte nur für dunkle oder nur für lichte Wesen.

Die fünfte Dimension zum Beispiel ist nicht nur für die lichten Wesen reserviert. Wenn dem so wäre, wohin, glaubst du, würden deine dunklen Brüder und Schwestern gehen? In welche Dimension? Wenn man in Betracht zieht, dass es einen Ort wie die ‚Hölle' nicht gibt, dann ergibt sich damit das Problem einer Trennung, nicht wahr?

Und so gehen die Dunklen durch denselben Lichttunnel und man hilft ihnen genauso herüber wie jedem anderen Wesen. Genau wie ihr werden sie durch die Rückschau gehen und ihr Leben noch einmal erleben. Ob sie zurückkehren oder sich weiterentwickeln, hängt von vielen Faktoren ab. Nehmen wir an, diese Seele wird nicht zur Erde zurückkehren. Er/sie wird dann in eine Dimension mit einer entsprechenden Schwingung gehen. Du könntest nun meinen, dass jemand, der zum Beispiel ein Mörder war, in eine Dimension mit einer sehr niedrigen Schwingung gehen wird, aber so ist das nicht unbedingt.

An dieser Stelle möchte ich dich daran erinnern, dass du diese Seelen nicht verurteilen sollst. Wir haben gesehen, wie ihr alle ungläubig den Kopf darüber schüttelt, dass jemand einen andern umbringen könnte. Nun gut, lasst mich euch darauf hinweisen, dass ihr alle im Laufe eurer Inkarnationen Mörder gewesen seid! Ja, ihr habt alle aus irgendeinem Grund einem anderen das Leben genommen. Wenn wir das in Betracht ziehen, frage ich euch: Seid ihr zur Hölle gegangen? Hattet ihr an diesem Punkt im Kreislauf eurer Inkarnationen das Gefühl, man hätte euch jemals in das Feuer der Hölle geworfen? Falls es so war, hatte dann jemand Erbarmen mit euch und gewährte euch einen weiteren Versuch auf Erden? Oder vielleicht habt ihr lange genug unter den Händen der Dämonen gelitten, habt Reue empfunden und bekannt, dass ihr schlechte Menschen wart! (Wenn man bedenkt, dass ihr euch alle für Lichtarbeiter haltet, dann müsst ihr euch um 180 Grad gewendet haben!)

O.K., wer also hat dann entschieden, dass ihr zur Hölle gehen sollt? Und wer hat entschieden, dass ihr nun genug in der Hölle gelitten habt, und hat gestattet, dass ihr sie wieder verlassen dürft? Werft einen kurzen Blick auf euren Körper, sind da Narben von diesem wütenden Feuer? Natürlich gibt es keine, weil ihr nie in einer Hölle wart, und diese Seelen werden da auch nicht hingehen.

Ich möchte, dass ihr verstehst, dass es keine ‚Scheidung der Geister' gibt. Im Universum gibt es keine abgegrenzten Quarantäne-Gebiete und auch keine Schilder mit der Aufschrift ‚Für Dunkle Zutritt verboten!' Diese Fantasie-Vorstellung haben eure Religionen erschaffen. Dieser Glaube war euch auch nützlich, denn ihr fühlt euch sicherer bei dem Gedanken, ihr könntet dem Leid aus dem Weg gehen.

Lasst uns einen Blick auf das Leben von Adolf Hitler tun. Adolf war auf Erden ein Mann, den man als das Böse betrachtet. Ich zögere nun etwas, diesen ‚großen' Mann zu erwähnen, weil sich viele auf ihn konzentrieren, und es doch viele, viele andere gibt, die in ihrer Dunkelheit genauso groß sind.

Ich sehe, dass dich die Wahl meiner Worte etwas schockiert hat, besonders das Wort ‚groß'. Sei ruhig schockiert! Das ist gut für dich, denn es bringt dich zum Nachdenken. Ich wählte das Wort ‚groß', weil er das war und noch immer ist. Man muss nicht nur im Licht groß sein, auch die Dunkelheit kann groß sein – und das ist sie. Verstehe, dass die Dunkelheit in ihrer Größe sehr machtvoll ist. Ich erzähle dir das jetzt, weil du die Größe Gottes in allen seinen Schöpfungen erkennen musst. Und so entwickelte sich Adolf durch seine Dunkelheit. Er kontemplierte seine Macht und wurde selbst-bewusst, er kam durch seine Dunkelheit zur Erkenntnis."

Ich befragte ihn über Menschen, die Kinder missbrauchen: „Welche Auswirkungen hat das auf der Seelenebene und wie wirkt es sich auf der Seelenebene der unschuldigen Kinder aus?"

„Die Seele versteht, dass sie Geist ist, dass sie durch die Erfahrung von Raum und Zeit reist, und so ist sie auf der Seelenebene losgelöst. Aber auf der Ebene der Persönlichkeit wirkt es sich schockierend und traumatisierend aus. Daher müsste der Kinderschänder von Gott verurteilt werden, wenn es eine Form von Bestrafung gäbe. Aber es gibt keine.

Es kann nun viele Gründe geben, warum eine Seele auf einer höheren Ebene sich dafür entscheiden könnte, zurückzukehren und missbraucht zu werden. Manche erlebten sich in der Rückschau ihres Lebens als Kinderschänder, kontemplierten darüber und entschlossen sich, das Leben aus der Sicht der Betroffenen zu erfahren. Manchmal wählen sie, dabei zu helfen, die Herzchakren einiger Menschen zu öffnen durch die immensen Gefühle der Liebe, die durch diese Erfahrungen entfacht werden können. Das ist eine ziemlich häufige Wahl. Sie wird getroffen, um damit anderen zu dienen, die Schwierigkeiten hatten, ihr Herzchakra zu öffnen. Sie haben einen ‚Schock' gebraucht, um die Energie hoch genug zu schieben, um sie zu öffnen.

Wenn das die Rolle des Kindes ist, dann verlassen sie meistens durch diesen Missbrauch die Welt, mit anderen Worten, sie werden vom Kinderschänder ermordet. Sie haben getan, wozu sie gekommen waren, und sind wieder gegangen. Ihre Absicht war, die Herzchakren anderer zu öffnen; es sollten keine Wut- und Hassgefühle geweckt werden.

Hier ergibt sich für uns eine Herausforderung zum Verzeihen.

Wenn ihr aufrichtiges Mitgefühl für diese Kinder habt, werdet ihr Respekt empfinden für das, wozu sie gekommen sind, und ihr werdet ihr Leben ehren durch Vergeben und Loslassen. Wenn das erreicht werden kann, dann wäre die Mission der Kinder nicht umsonst gewesen.“

Ich erklärte, dass mir das etwas kaltherzig erscheint, fast so, als wären wir ohne jegliches Gefühl.

„Nun, ich kann dir sagen, dass eure Welt ein viel besserer Ort wäre, wenn ihr nicht so starke Gefühle hättet! Für gewöhnlich sind es in erster Linie diese starken Gefühle, die zu einem Mord führen. Aber, um deine Frage zu beantworten, du betrachtest es aus einer

dreidimensionalen Perspektive, wo du Leben und Tod siehst, Gut und Böse – Polarität. Aus einer höheren Dimension heraus verstehen wir, dass das Leben nicht endet, ihr lebt ewig. Das Leben kann wahrhaftig nicht enden, es ist nur eine Aufwärtsentwicklung.

Du glaubst, ich sei kalt und gefühllos. Wenn ich noch starke Emotionen hätte, wäre ich niemals aufgestiegen – ich habe meine Emotionen gemeistert. Die starken Emotionen, von denen du sprichst, entstehen durch Angst – ich habe keine. Du bist empört, wenn du von einem Mörder oder von Misshandlung in irgendeiner Form hörst, weil es in dir Furcht erweckt. Vielleicht bangst du um deine Kinder oder auch um dein eigenes Leben. Du empfindest Trauer um die betroffenen Familien. Ich verstehe, dass du mich beschuldigst, kaltherzig zu sein, wenn ich so losgelöst bin von diesen Dingen, und dennoch betrachten wir euch in Wahrheit alle als unsere Familie. Ihr alle seid unsere Familie, eine einzige große, und wenn ihr weint, dann weinen wir voll Mitgefühl mit euch.

Wir erlauben euch jedoch eure Reise, wie ich im vorigen Kapitel schon erwähnt habe. Man muss den Seelen ihre Reise erlauben, egal, was diese Reise mit sich bringt. Ich verlange deshalb nicht von dir, dass du kaltherzig wirst, wirklich nicht! Ich verlange von dir, dass du Mitgefühl mit allen Betroffenen hast, und das ist ein sehr großer Unterschied."

„O.K., ich werde es versuchen. Könnt ihr mir vielleicht sagen, welche Rolle die Dunklen Herren spielen?"

„Es gibt keine Rolle an sich, es gibt nur Entwicklung. Eine besondere Rolle wäre begrenzend.“

Nun war ich verwirrt! „Ich dachte, sie wären dazu da, die Polarität in unserer dritten Dimension im Gleichgewicht zu halten.“

„Nein, das schafft ihr sehr gut allein! Du musst verstehen, ihr alle tragt ‚den Teufel und den Christus' in euch. Ihr erhaltet die Polarität schon aufrecht. Niemand muss es für euch tun. Erst wenn die beiden Pole sich vereinigen können, friedlich zusammenkommen können, geht ihr aus der Polarität und aus einer polarisierten Dimension hinaus.

Ich möchte das nun etwas zurückverfolgen, um es aufzuklären und um Verwirrung zu vermeiden.

Ich sagte bereits, dass die Dunklen Herren – und alle anderen ebenso – keine besonderen Rollen oder Aufträge haben und dass es nur um Entwicklung geht, um Seelen, die das Leben erfahren. Dazu möchte ich aber auch erwähnen, dass es einige fortgeschrittene Seelen gibt, die sich manchmal dafür entscheiden zurückzukehren, um etwas Bestimmtes zu lehren. Das betrifft die missbrauchten Kinder, über die ich eben gesprochen habe. Sie sind fortgeschrittene Seelen.

Diejenigen von euch, die noch am wenigsten entwickelt sind, haben keine besondere Mission. Ihr versucht nur, euch daran zu erinnern, wer ihr seid! Damit scheinen viele von euch Leben auf Leben beschäftigt zu sein! Wenn ich sage, erinnert euch, wer ihr seid, dann meine ich selbstverständlich, ihr sollt euch versuchen zu erinnern, dass ihr Gott seid, der in menschlicher Form erschafft. Ihr habt das vergessen und glaubt, dass ihr Menschen seid, die versuchen, Gott zu werden, oder noch schlimmer, dass ihr Menschen seid, die andere Götter verehren sollen. So ist das nicht!"

Ich war neugierig, ob die Lichten und die Dunklen Herren nebeneinander leben. Das schien sehr unwahrscheinlich, aber ich stellte El Morya diese Frage.

„Wenn sie es so wünschen, dann ja. Wie ich schon sagte, gibt es an sich keine Begrenzungen. Ich möchte jedoch, dass du dich an das Universelle Gesetz erinnerst: Gleiches zieht Gleiches an. Deshalb ziehen Seelen andere Wesen mit der gleichen Schwingung an. Von da stammt auch eure Höllen-Theorie. Mit anderen Worten, die Dunklen Herren ziehen andere Wesen aufgrund ihrer Schwingung und ihrer Erfahrungen an.

Stimmt es nicht, dass auf der Erde Menschen mit bestimmten Interessen andere mit denselben Interessen anziehen? Ist das nicht merkwürdig? Nun, so merkwürdig ist das nicht, denn ihr zieht sie durch eure Schwingung an. Eure Interessen haben eine bestimmte Schwingung, und so werden andere mit den gleichen Interessen zu euch hingezogen. Ihr alle seid wie starke Magneten! Und dasselbe trifft auch auf andere Bereiche zu. Jemand mit bestimmten Erfahrungen wird feststellen, dass die Menschen in seinem Umfeld auch ähnliche Erfahrungen gemacht haben. Ihr müsst jetzt aber nicht denken, dass ihr euch am Ende alle miteinander in einem riesigen Raum befinden werdet. Es ist sehr wahrscheinlich, dass ihr nie mit einem Dunklen Herren auf einer anderen Ebene zusammentreffen werdet, sie würden sehr wenig Interesse an euch haben. Beachtet meine Formulierung: Interesse! Mit anderen Worten, ihr teilt nicht ihre Interessen oder

Erfahrungen, und so würden eure Schwingungen nicht zueinander passen.“

„Ich möchte etwas über negative ETs und über Entführungen fragen. Sind das auch die Dunklen Herren?“

„Nein, nicht unbedingt. Siehst du, die Dunklen Herren sind Wesen, die bewusst dunkel sind, sie sind Meister der Dunkelheit. Wesen aus einer anderen Welt – oder ETs, wie ihr sie nennt, leben nach anderen Gesetzen. Einige von ihnen haben in sich besondere Emotionen herangezüchtet, und so können sie eure menschlichen Emotionen nicht verstehen. Es würde sie verwirren, warum ihr euch darüber aufregt, ‚Informationen zu teilen' – was ihr als Entführung bezeichnet.“

„Weil das gegen unseren freien Willen ist!“

„Aber sie verstehen nicht, was freier Wille ist. Sie erfahren ihn nicht in ihrer Welt und so kennen sie ihn nicht. Diese Wesen sollte man nicht als Dunkle Herren betrachten. Sie finden euch merkwürdig und möchten von euren Emotionen lernen, sie sind nicht ‚böse'. Viele haben beobachtet, wie ihr euch durch eure Emotionen entwickelt, und nun möchten sie auch Emotionen erfahren, damit sie auch vorankommen können. Und so haben sie einige von euch entführt, um sich mit ihnen zu paaren. Damit sollten wieder Emotionen in ihre DNA eingeführt werden.“

Ich entgegnete: „Ich denke, eine Menge Leute könnten diese Information ein bisschen erschreckend finden.“

„Weil eine Menge Leute eine Menge Angst haben! Ihr könntet euch auch immer dafür entscheiden, es als Dienst zu betrachten. Ihr helft anderen Zivilisationen und Arten, sich zu entwickeln und zu wachsen.“

Ich wollte gern wissen, ob das noch immer passiert, denn anscheinend hört man in der jetzigen Zeit weniger über Entführungen.

„Nein, in dieser Zeit geschieht es nicht mehr so oft, denn die Saat wurde ausgesät. Die Emotionen wurden in ihre DNA eingepflanzt, und so müssen sie sich nicht mit noch mehr von euch vereinigen."

„Du hast erwähnt, dass die Dunklen Herren sich ihrer Dunkelheit bewusst sind, aber gibt es auch irgendwelche Dunkle Herren unter den ETs?"

„Natürlich. Und wie ich schon erklärt habe, ist es ihre Wahl, das Leben auf diese Weise zu erfahren."

„Gibt es Kriege zwischen den Dunklen Herren und den Lichten Herren?"

„Es gibt tatsächlich Kriege, und es gab sie schon seit ‚Anbeginn der Zeit'. (Ich möchte dich an dieser Stelle daran erinnern, dass es keinen Anfang und auch kein Ende gibt.) Andere Wesen haben Im Laufe der Geschichte eurer Erde viele Male versucht, sie zu beherrschen und Kontrolle über diesen kleinen Planeten auszuüben. Es gibt auch Kriege in anderen Reichen und auf anderen Planeten."

„Und kann sich immer das Licht durchsetzen?"

„Ich denke, du hast zu viele Star Trek-Filme gesehen! Es geht nicht darum, wer gewinnt und wer verliert, das wäre Konkurrenzkampf. Das interessiert uns nicht. Sehr einfach formuliert sind die Lichten die Friedensstifter und die Dunklen die Gesetzesbrecher; sie lieben es zu stören."

„Gibt es diese Störungen auch in den höheren Dimensionen, oder beschränken sie sich nur auf die niederen Bereiche?"

„Es gibt sie auf allen Ebenen, sogar in den Reichen der Engel. Es kann da ganz schön lebhaft zugehen, denn sie sitzen nicht den ganzen Tag auf weißen Wattewölkchen herum und spielen Harfe. Auf jeder Ebene kann es Störungen geben, bis man zu reinem Licht wird. Auf dieser hohen Ebene verlässt man dann jegliche Form und existiert in reinem Licht. Man würde euch als sehr fortgeschritten ansehen, wenn ihr diese Ebene erreicht. Jedes Wesen, das bereit ist, diese Ebene zu betreten, wird in Licht verwandelt.

Du kannst also nicht erwarten, dass einer der Dunklen Herren dieses Reich betritt, weil er/sie sich nicht wohl dabei fühlen würde, sich ihm zu nähern. Denk daran, es gibt keine Verurteilung! Der Zutritt wäre ihnen nicht verwehrt, aber sie würden sich unbehaglich fühlen. Die Liebe, das heißt das Licht, wäre in gewissem Sinne zu stark für sie."

„Kannst du mir sagen, wie sie tun müssen, um in dieses Lichtreich einzutreten?"

„Das musst schon du mir sagen! Ihr seid diejenigen, die diese Erfahrung machen! Es gibt sehr viel Furcht und dunkle Gebiete, an denen ihr alle arbeitet. Es gibt Teile eures Wesens, die ihr nicht liebt. Nur wenn ihr alles liebt, was ihr seid, andere ebenso liebt und wirklich alles Leben liebt – sogar jene furchterregenden Dunklen Brüder und Schwestern – dann werdet ihr zu reiner Liebe, das heißt zu bedingungsloser Liebe.

Wenn ihr reine Liebe seid, schwingt ihr in einer sehr hohen Frequenz. Erst wenn diese Frequenz dem Reich des reinen Lichts entspricht, könnt ihr in dieses eintreten, nicht eher. Mit anderen Worten, ihr könnt nur dorthin gehen, womit eure Schwingung übereinstimmt. Ich komme noch einmal auf das Universelle Gesetz zurück – ‚Gleiches zieht Gleiches an'. Wenn ihr gelernt habt, alle Teile von euch zu lieben, befindet ihr euch jenseits der Angst. Und was gäbe es dann schließlich noch zu fürchten? Reine Liebe zu haben, heißt furchtlos zu sein

9. Kapitel

DER AUFSTIEG

„Der einzige Unterschied zwischen euch und uns besteht in der Schwingung.“

Als ich zum ersten Mal das Wort „Aufstieg“ hörte, löste es tief in mir etwas aus. Es war, als würde in mir eine Alarmglocke klingeln. Wenn ich Alarmglocke sage, meine ich damit eher einen “Weckruf“. Dieser Weckruf hinterließ in mir ein Gefühl von Erwartung und Erregung, obwohl ich nicht ganz verstand, was es war!

Das war in den neunziger Jahren. In dieser Zeit kursierten einige wundervolle gechannelte Tonbänder von Eric Klein, die von einem Aufstieg berichteten, aber eher im Sinne einer Evakuierung. Bei dieser Evakuierung sollten wir in Raumschiffen erhoben werden, während die Erde durch eine großartige Veränderung geht. Wenn ich heute darauf zurückblicke, muss ich über mich lachen, denn ich war dazu bereit! Meine Einstellung war: „Wann gehen wir?" Ich hinterließ für meine Freunde und meine Familie überall im Haus Mitteilungen, die erklärten, warum ich nicht hier bin und dass sie sich keine Sorgen machen sollten, denn ich befinde mich in einem Raumschiff in Sicherheit! Ich muss aber dazu sagen, dass ich diese Tonbänder keinesfalls kritisiere. Einige dieser Informationen sind jetzt überholt, aber die Energie, die sie enthalten, ist noch immer wunderbar und kraftvoll.

Als ich den Aufstieg gegenüber meinen Freunden erwähnte, sagten sie mir, damit sei gemeint, im Bewusstsein aufzusteigen. Ich fühlte mich dabei nicht ganz wohl – ich war mir sicher, dass es damit mehr auf sich hat. Und so fragte ich meine Aufgestiegenen Freunde – schließlich mussten sie es wissen!

„Der Aufstieg im Bewusstsein ist nicht die einzige Möglichkeit. Man kann in so hohem Maße Meisterschaft über den physischen Körper erlangen, dass das Licht in jede Zelle des physischen Körpers eindringt – nicht nur in den Emotional- und Mentalkörper – und diese

buchstäblich in Licht verwandelt. Das führt schließlich zum Aufstieg des physischen Körpers.

Der Aufstieg des physischen Körpers bedeutet daher, euren physischen Körper mitzunehmen in die Ewigkeit. Das sind nur Möglichkeiten der ‚Wahl', und ein Weg ist nicht besser als der andere. Welche Wahl auch immer für euch richtig ist, Aufstieg bedeutet, die physische Ebene so weit zu beherrschen, dass das sich wiederholende Muster der ‚Reinkarnation' auf dieser Ebene zu einem Ende kommt. Mit anderen Worten, ihr seid dann der dritten Dimension ‚entwachsen'.

Ihr könnt euch für den Aufstieg im Bewusstsein entscheiden oder für den Aufstieg aller ätherischen Körper, ihr könnt den physischen Körper zurücklassen, indem ihr durch den Todesprozess geht, oder ihr wählt die Meisterschaft über den physischen Körper, transformiert ihn ins Licht und nehmt ihn mit auf eine andere Existenzebene. Das bedeutet dann, dass ihr euch nicht nur dafür entscheidet, den Todesprozess nicht zu erfahren, sondern dass ihr auch kommen und gehen könnt, wie es euch beliebt, dass ihr die Erdebene verlassen und in einem anderen Zeitrahmen wieder zurückkehren könnt, wenn ihr das möchtet."

Man sagte mir, dass Babaji und Thoth diese Methode gewählt hatten. Durch den Aufstiegsprozess transformieren wir unseren physischen Körper in Licht, und von da an wird unser Lichtkörper zu unserem Fokus und zum Vehikel unseres Bewusstseins. Dieser altert nicht und kann auch nicht krank werden oder sterben.

„Kein Weg ist besser und es sollte auch kein Weg verurteilt werden. Es ist nur so, als würde man, um an einen bestimmten Ort zu gelangen, den Bus, das Auto, das Fahrrad oder das Laufen wählen. Ihr entscheidet euch für eine Transportart, ein Vehikel, das euch hinbringt."

Für die meisten von uns ist das Zurücklassen des physischen Körpers, der Gang durch den Todesprozess, die einfachere Möglichkeit, weil sie weniger den Zusammenbruch von Glaubensstrukturen beinhaltet und somit für uns leichter zu verstehen ist.

Viele der Aufgestiegenen Meister, die vor uns gegangen sind, wählten diese Möglichkeit, indem sie einen neuen Lichtkörper erschufen, während sie durch diesen Prozess gingen. Für diese Wahl müssen die Emotionen in einem so hohen Maße gemeistert sein, dass das ganze Bewusstsein mit erhoben wird. Viele von uns befinden sich jetzt gerade in diesem Prozess.

Ich denke zurück an die Zeit, als ich zum ersten Mal begonnen hatte, bewusst mit den Aufgestiegenen Meistern zu arbeiten, und ich mir absolut sicher war, dass ich physisch aufsteigen werde. Es gab in mir keinen Zweifel, dass ich es tun würde. Ich konnte nicht verstehen, warum die anderen über mich lachten, wenn ich es ihnen erzählte. Viele Leute sagten mir: „Das ist etwas für die Meister – nicht für uns!", und ich fing an, ihnen zu glauben. Ich schob den Glauben an meinen physischen Aufstieg beiseite und entschied: „Dafür bin ich nicht ‚genug entwickelt'." Und so ließ ich es los.

Für einige Jahre machte ich damit weiter, mein Bewusstsein anzuheben, aber irgendwie hatte ich noch immer das Gefühl, es könnte mit diesem Prozess mehr auf sich haben, sollte ich mich für ihn entscheiden. Einige Zeit später, kurz nach meiner Nahtod-Erfahrung, gewann ich meinen Glauben zurück. Ich fühlte mich wie eine Heuchlerin, denn man hatte uns gelehrt, den physischen Körper zu lieben – denn er ist unser heiliger Tempel und sollte geehrt werden. Warum sollte ich dann wünschen, ihn sterben und in der Erde vermodern zu lassen? Es fühlte sich für mich einfach nicht richtig an. Die Meister fragten mich:

„Liebst du deinen Körper genug, um ihn mitzunehmen? Ehrst du ihn genug, um ihn NICHT zurückzulassen?"

Als ich eines Tages in der Badewanne lag, fragte mich meine innere Stimme, welche Wahl ich nun treffen werde. Ich sagte, ich würde wirklich sehr gerne aufsteigen und meinen Körper mit mir nehmen, aber sicherlich wäre ich dafür nicht genug entwickelt. Die

Antwort war, dass es keine so große Sache ist, wie ich es sehe, und dass es nichts damit zu tun hat, hoch entwickelt zu sein. An diesem Punkt der menschlichen Evolution, wo die Schwingung des gesamten Planeten sehr schnell ansteigt, ist es einfach eine Wahl, die allen offen steht. Ich fragte: „Wie soll ich denn dabei vorgehen?“ Die Antwort war:

„Bitte darum, und dann glaube daran, dass es geschehen wird. Glaube es nicht nur ein bisschen, sondern glaube es wirklich – denn Glaube erschafft. Programmiere deinen Verstand neu, nicht an den Todesprozess zu glauben. Füge dich nicht in das Altwerden, glaube an die Jugendlichkeit und das ewige Leben – So geht das!“

Ich wollte noch mehr wissen, und so führten mich die Meister zum Studium einer Anzahl von Lehren. Durch dieses Studium wurden mir wirklich die Augen in vieler Hinsicht geöffnet. Durch sie lernte ich alles über die verschiedenen Drüsen des Körpers, über die Zellen und das Gehirn. Ich lernte, dass wir wahrhaftig Gott sind, denn die Gegenwart Gottes ist überall und in uns allen. Wenn wir das wissen, müssen wir uns die Frage stellen: „Wie machtvoll, glauben wir, ist Gott?“ Wir könnten antworten: „All-mächtig.“ Und dann muss die nächste Frage lauten: „Gibt es etwas, was Gott nicht kann?“ Das glaube ich nicht, also muss ich mich weiter fragen: „Wenn Gott also alles kann und Gott durch mich fließt, gibt es dann etwas, das ich nicht kann?“ Die Antwort muss lauten: „Nein!“ Und so gelangen wir an den Punkt, wo wir wissen, dass wir alles können – wir müssen nur ganz einfach daran glauben.

Ich lernte, dass wir unsere Gehirn nur in sehr geringem Maße benutzen und dass es erforderlich ist, mit unserer vollen Gehirnkapazität zu arbeiten, wenn wir all unsere Fähigkeiten und uns selbst für den Empfang des „Super-Bewusstseins“ öffnen wollen. Nun gut, wie erwecken wir unser schlafendes, untätiges Gehirn? Durch den Willen!

Die Hirnanhangdrüse ist die wichtigste Drüse, sie hat ihren Sitz zwischen der rechten und linken Gehirnhälfte. Wenn diese Drüse voll aktiviert ist, wird sie den Rest des Gehirns erwecken. Sie wird im gesamten Körper Hormone freisetzen und durch diesen Vorgang unsere Schwingung erhöhen; wir werden schließlich zu einem „Christus-Wesen". Das alles wird geschehen, so lernte ich, wenn wir danach verlangen, vollkommen geöffnet zu sein, wenn wir es fokussieren und wünschen.

Kehren wir nun zurück zum Thema physischer Aufstieg. Wie spielt sich das ab? Jede Zelle beginnt, in so hoher Geschwindigkeit zu schwingen, dass sie sich in Licht verwandelt. Dabei erhöht sich die Körpertemperatur und der Körper beginnt, im Licht zu strahlen. Wenn jede Zelle in einer sehr hohen Geschwindigkeit schwingt, wirst du aus dem normalen Sichtbereich verschwinden und in die Realität einer höheren Dimension eingehen. Das geschieht, weil sich der Körper in eine Schwingung jenseits der dritten Dimension begeben hat und nun in einer viel höher dimensionierten Ebene schwingt.

Das bedeutet, du wirst dann nicht mehr durch den Todesprozess gehen, da du nun einen Lichtkörper hast, das „Lichtgewand" der Bibel. Für dich gibt es dann kein Altern mehr, du bist in die Realität der nächsten Dimension eingetreten. Ganz einfach, nicht wahr? Wir müssen nur an uns glauben, von allen Glaubensmustern, die sich auf den Tod beziehen, Abstand nehmen – emotional, nicht physisch –, uns selbst und Gott lieben und unsere Schwingung erhöhen. Wenn wir zu Licht geworden sind, können wir in das Licht eintreten und dann zur nächsten Stufe unserer spirituellen Evolution gelangen.

Zu dieser Zeit meines Lebens arbeitete ich in Teilzeit in einem Altersheim und kümmerte mich um ältere Menschen. Wie du dir vorstellen kannst, musste ich mich selbst sehr kontrollieren, um an meinem Glauben festzuhalten, während ich von anderen umgeben war, die fest an den Todesprozess und das Altern glaubten. Ich ehre und respektiere ihre Wahl, aber ich denke auch, dass ihnen vielleicht nicht klar war, dass es eine Wahl gab.

Also noch einmal, wie machen wir es? Indem wir einfach unsere Aufmerksamkeit auf den Körper fokussieren, bereit sind, seine Schwingung zu erhöhen, und gewillt sind, jedes Hindernis zu entfernen, das uns davon abhält, Licht zu werden. In gewisser Weise ist das für uns ein völlig natürlicher Prozess. Dem Wesen nach sind *wir Licht, und aus dem Licht sind wir gekommen. Indem wir unsere Schwingung erhöhen, treten wir einfach vollständig in das ein, was wir wirklich sind.*

Welche Wahl auch immer du für dich triffst, sie erfordert, in einem bestimmten Maße Meister über dich zu sein. Es erfordert in vieler Hinsicht eine Kehrtwendung unserer Gedanken und Einstellungen. Wenn wir der Meister unserer Realität werden wollen, müssen wir der Meister unserer Realität sein! *Dazu müssen wir keine großartigen und außergewöhnlichen Dinge tun, wir müssen nur unsere Begrenzungen meistern – was immer sie sein mögen. Das ist relativ, denn die Grenze der Angst des einen kann völlig verschieden sein von der eines anderen.*

So kann es zum Beispiel für jemand ebenso furchterregend sein, einer aufgebrachten Armee gegenüberzustehen, wie für einen anderen, der vor einer kleinen Gruppe Menschen einen Vortrag halten muss. Das alles ist relativ und hängt ab vom Umfang deines Bequemlichkeitsbereichs und vom Ausmaß deiner Angst. Deswegen gibt es an sich keine „festgelegten Prüfungen", und alle Ebenen der Meisterschaft über sich selbst sind sehr individuell. In der dritten Dimension bedeutet es Meisterschaft über den physischen, emotionalen und mentalen Körper. Das hängt davon ab, wie viel man zu bereinigen hat und wie schwierig das ist.

Die Meisterschaft über den physischen Körper umfasst die Beherrschung von Gewohnheiten, von Sicherheit, Sexualität, Essen und Trinken usw., von all dem, was mit den ersten drei Chakren verbunden ist. Bedenke, alles ist für jeden relativ. Das Kauen an den Fingernägeln könnte daher eine geringfügige Angewohnheit sein, die man aufgibt. Man könnte mit dem Rauchen aufhören oder auf Drogen verzichten. Für den einen mag es außerordentlich schwierig sein, Geld loszulassen, während es einem anderen leicht fällt. Das hängt davon ab, wie stark die Bindung daran ist. Sexualität zu meistern – ich hoffe, das klingt jetzt nicht chauvinistisch – könnte für Männer härter sein! So wie ich es verstehe, bedeutet es keine völlige Enthaltsamkeit, denn ich glaube an „Mäßigkeit in allen Dingen". Aber Sexualität sollte auf einem sehr viel liebevolleren Niveau erfahren werden. Die Fantasie sollte beherrscht werden und man sollte Sex nicht brauchen. *Wenn es um die Beherrschung von Essen und Trinken geht, würde ich wieder sagen: Mäßigkeit in allen Dingen! Essen und Trinken sollte keine Sucht sein, sondern so konsumiert werden, dass es dem Erhalt unserer Körper dient, bis wir an den Punkt kommen, wo wir uns vielleicht dafür entscheiden, ihn nicht mehr zu ernähren.*

Um Meister über den Emotionalkörper zu werden, muss man sich mit sich selbst abfinden – mit seinem Leben und seiner Vergangenheit –, und dann alles loslassen. Man muss zum Beobachter werden, anstatt sich im Drama zu verlieren. Sich selbst loszulassen heißt, seine Identität loszulassen – was ein bisschen beängstigend sein kann. Man könnte sich dabei verloren fühlen und nicht sicher sein, wer man ist, denn wir verstecken uns hinter unserer Identität, die wir brauchen, um vertrauen zu können. Sein Leben loszulassen heißt, all die Dinge loszulassen, denen man entwachsen ist, die sicher und bequem waren, uns aber nicht mehr dienen. Es geht darum, sich zu beherrschen und sich nicht in Gefühlsausbrüchen zu verlieren. Dazu gehört auch, sich durchzuarbeiten durch Gram, Ärger, Angst, Neid und Hass und zu lernen zu verzeihen.

Die Meisterschaft über den Mentalkörper erfordert, dass man lernt, bewusst zu leben. Dazu muss man sich all seiner Gedanken und Worte in so hohem Maße bewusst sein, dass man für sein Leben nur positive und erhebende Erfahrungen erschafft. Die Gedanken und Worte, die man benutzt, sollen das Bewusstsein erhöhen und nicht herabsetzen. Ein Meister zu sein bedeutet auch, immer die Wahrheit zu sagen und niemals zu lügen.

Ich war (mal wieder) in der Wanne und dachte darüber nach, dass meine Zellen bewusst sind und somit ein Bewusstsein haben. Also entschloss ich mich zu einem Experiment. Ich fragte meine Zellen, was mir helfen könnte, meine Schwingung zu erhöhen und meinen Körper in Licht zu verwandeln, die ganze dichte Materie in Licht zu transformieren.

Ich hatte eine recht interessante Konversation mit meinen Zellen. Ich denke, es könnte dir helfen, wenn ich sie dir mitteile. Meine Zellen sagten Folgendes:

„Höre auf, dir Filme anzusehen, in denen Gewalt oder Dichte in irgendeiner Art vorkommt, denn die Schwingung, die von dem Film bzw. Programm ausgeht, tötet das Licht in dir. Hör auch damit auf, dir die Nachrichten anzusehen."

Ich fragte: „Warum?", denn ich wollte gern darüber informiert sein, was in der Welt vor sich geht.

„Wenn du deine Schwingung erhöhst, eins wirst mit ALLEM Leben, dann wirst du wissen, was vor sich geht, denn dann wirst du alles SEIN. Dann wirst du die Wahrheit kennen und das ist besser als die sehr begrenzte Sicht durch eure Nachrichten, die auf Angst basieren."

Inzwischen war ich aus der Wanne heraus und cremte mein Gesicht ein.

„Warum tust du das?"

„Weil es Teil des Verfahrens ist, mich selbst zu lieben."

„Kannst du dich nicht lieben ohne industriell hergestellte Cremes? Du bist gewissermaßen darauf programmiert, all diese Sachen zu kaufen, um dich zu lieben."

„Na schön, aber ich mache das doch auch, um jung und gesund auszusehen."

„Willst du damit sagen, dass du ungesund aussiehst, wenn du alt aussiehst? Siehst du nicht, dass du in das Massenbewusstsein zurückfällst, das besagt, dass du, wenn du alt aussiehst, nicht gesund bist, was wiederum zum Tod führt? Wenn jemand jung stirbt, würdest du annehmen, dass er krank war – nicht gesund, denn junge Menschen sterben nicht, das tun nur alte Menschen."

„Nun, es ist angenehm, jugendlich auszusehen."

„Warum willst du das? Was ist deine Motivation dafür? Um Gott zu werden, musst du das Bild, das du von dir hast, so weit loslassen, dass es dir egal ist, ob du alt aussiehst, verrunzelt, dick oder dünn. Erst dann wirst du Gott voll und ganz erkennen. Die Schwingung all deiner Zellen wird sich erhöhen und das Licht so sehr umfassen, dass du zu strahlen beginnst. Unabhängig von deinem Alter wirst du dann sehr glatt und schön aussehen. Damit soll nicht gesagt werden, dass etwas falsch daran ist, sich jung zu fühlen und so auszusehen, ganz im Gegenteil, das sollte natürlich so sein. Aber du musst auf das Motiv achten, das hinter deinem Wunsch liegt."

Ich fragte nach Nahrungsmitteln und ob es welche gibt, die ich nicht essen sollte, um so meine Schwingung anzuheben.

„Iss und trink, was du möchtest. Nur deine Gedanken über die Nahrungsmittel haben eine Auswirkung, die Nahrungsmittel selbst haben keine."

Dann fragte ich sie über Meister und Engel, wie die Kommunikation mit ihnen zustande kommt und ob man dadurch seine Schwingung ständig erhöhen kann.

„Der einzige Unterschied zwischen dir und ihnen besteht in der Schwingung. Die Menschen leben die meiste Zeit in Gedanken mit niedriger Schwingung. Wenn sie ihre Gedanken erheben und ständig auf einem hohen Niveau halten würden, dann könnte jeder mit den Engeln kommunizieren. Die Menschen können nur aus dem einen Grund nicht in ständiger Kommunikation mit diesen Wesen sein, weil das Bewusstsein der Engel in einem hohen Frequenzbereich gehalten wird. Sie gehen in keine dichten, niedrig schwingenden Gedankenmuster.

Jedes Mal, wenn du etwas denkst oder ein Wort sprichst, sendest du damit ein farbiges Wellenband aus. Wie weit es in den Schwingungsebenen aufsteigt, hängt davon ab, wie ‚erhebend' der Gedanke oder das Wort war. Wenn jemand voller Angst in der Dichte lebt und nur in diesen Begriffen denkt und spricht, wird er keine sehr hohe Schwingungsebene erreichen. Deshalb ist es so wichtig, deine Gedanken und Worte zu beherrschen, denn wenn du ein Meister sein willst, musst du anfangen, wie ein Meister zu denken. Begreife also, du kannst kein Meister sein, wenn du deine Gedanken nicht meisterst."

Ich wollte etwas über meine Arbeit fragen. Wie ich schon erwähnt habe, arbeitete ich zu dieser Zeit als Pflegerin für ältere Menschen in einem Heim für Demenz-Kranke. Ich fragte, was ich tun könnte, damit mich die Arbeit nicht mehr so ermüdet und erschöpft.

„Nun, du hast deine Freude an der Arbeit verloren. Freude ist energetisierend, Unzufriedenheit macht müde."

„Aber an meinen freien Tagen fühle ich mich auch müde – nicht unzufrieden, nur müde. Woher kommt das?"

„Weil du damit beschäftigt bist, eine frühere Gedankenform von Unzufriedenheit zu verarbeiten und zu befreien."

„Willst du damit sagen, dass man immer dann, wenn man müde und erschöpft ist, Unzufriedenheit verarbeitet?"

„Ja, Fröhlichkeit ist Licht, und das ist niemals ermüdend, nur erhebend."

„Gut, nehmen wir an, du hattest einen wirklich fröhlichen Tag und eine Menge zu lachen, fühlst dich aber am Ende des Tages immer noch sehr müde."

„Die Fröhlichkeit hat dann eine gespeicherte Erinnerung freigesetzt, eine nostalgische, liebe Erinnerung, die sowohl ein Gefühl von Traurigkeit als auch von Liebe mit sich bringt. Diese Nostalgie wühlt die Vergangenheit wieder auf, und die Beschäftigung mit ihr ist sehr ermüdend."

„Du sagst also, dass es ermüdend ist, sich in Erinnerungen zu ergehen?“

„Ja, denn sie enthalten das Gepäck der Vergangenheit, egal, ob es sich dabei um eine gute oder eine schlechte Erinnerung handelt. Gepäck ist sehr ermüdend und anstrengend.“

„Wenn ich alles Gepäck loslasse, werde ich mich also nicht mehr übermüdet oder erschöpft fühlen?“

„Ja, solange du dir selbst treu bleibst. Lass alles Gepäck los und bleibe dir selbst allezeit treu. Damit ist gemeint, du sollst nichts tun, um anderen zu gefallen, sondern immer nur deinem Herzen folgen und niemals lügen.“

Zum Schluss sagten uns die Meister, dass wir ihnen gleich sind. Aber ich glaube nicht, dass auf Erden viele von uns das so empfinden, besonders dann nicht, wenn wir dabei sind, unsere Angelegenheiten zu bereinigen.

„Ihr seid alle gleich, ihr befindet euch nur auf unterschiedlichen Ebenen des Wachstums. Es ist wie bei einer Blume – die meisten Menschen sind wie Knospen, die dabei sind, sich zu öffnen. Die Meister dagegen befinden sich in voller Blüte, sie offenbaren ihre wahre Schönheit. Eine Blume ist aber auch schön, wenn sie noch geschlossen ist – es ist dieselbe Blume, nur in einem anderen Stadium der Entwicklung.“

10. Kapitel

EINE NEUE WELT

„Ihr seid die Friedensstifter, ihr habt stabile Fundamente geschaffen. Es liegt an der nächsten Generation, darauf aufzubauen.“

Zum Schluss noch ein Wort über diese Zeiten. Wie wir wissen und fühlen, findet eine Beschleunigung statt. Wir fühlen es in uns – alles scheint schneller zu werden, und der beste Rat der Meister ist, wir sollten versuchen, langsamer zu werden. Große Furcht ist in den Menschen, und für diejenigen, die noch „schlafen“, ist es eine extrem angsterfüllte Zeit. Die Erwachten unter uns betrachten es als Herausforderung, in dem ganzen Chaos alles zusammenzuhalten.

Vor einiger Zeit haben mich die Meister darauf hingewiesen, dass wir alle das erforderliche Training und die Ausbildung hatten, um durch diese Zeiten zu kommen. Es sei klug von uns gewesen, an uns zu arbeiten, die Dichte und Vergangenheit zu klären und somit fähig zu sein, mit Leichtigkeit in die Neue Welt zu gehen. Wir wissen alle, wie die Meister sich selbst heilen können, wie sie bewusst ihre Realität erschaffen, sich in verschiedene Dimensionen befördern und über normale menschliche Leistungen hinausgehen. Die Frage ist: Können *wir* es auch? Mit anderen Worten, es nützt nichts, über diese Fähigkeiten nur Bescheid zu wissen, wir müssen lernen, sie zu beherrschen. Als ich EL Morya bat, mir zu erklären, wie man ein Meister wird, sagte er Folgendes:

„Als du gedacht hast, ich sei streng mit dir, und ich dir sagte, dass ich nur fokussiert bin, habe ich dir das aus einem bestimmten Grund gesagt. Der Schlüssel zur Meisterschaft ist, jederzeit fokussiert zu sein. Ihr müsst eure Worte und Gedanken beherrschen. Wie wir schon gesagt haben, erschafft jedes Wort, das ihr sprecht, und jeder Gedanken, den ihr denkt, eure Realität. Jedes Mal, wenn ihr das Wort ‚ich' benutzt, dann werdet ihr so sein. Ihr alle wisst das, und doch macht ihr damit weiter, ‚hilflose' Opfer eurer Umstände zu sein. Viele haben überall im Haus jede Menge Affirmationen angeheftet. In jedem Raum, den ihr betretet, befindet sich eine Affirmation über dies oder jenes. Das ist gut in dem Sinn, dass es euch hilft, fokussiert zu bleiben,

aber dann sabotiert ihr euch gleich wieder selbst durch eure unbewussten Gedanken.

> *Ihr mögt ja mit euren Meditationen und Affirmationen gute Absichten haben, aber anscheinend habt ihr Schwierigkeiten, euren Fokus den ganzen Tag über aufrechtzuerhalten. Zum Beispiel nützt es euch nichts, wenn ihr darüber meditiert und dazu Affirmationen aufsagt, dass ihr in der Fülle lebt, und dann den ganzen Tag so handelt, als wäret ihr arm. Könnt ihr nicht sehen, dass ihr eure Schöpfungen und all die gute Arbeit, die ihr geleistet habt, sofort sabotiert? Ihr seid Meister in Teilzeit! Wenn ihr wirklich die Fülle wollt, dann müsst ihr sie leben, denken, fühlen und sein.*

Wir bemerken, dass viele von euch ein Meister sein möchten. Nun, ihr werdet nie einer sein, wenn ihr nur zeitweise daran arbeitet. Ein Meister zu sein erfordert, dass ihr während des ganzen Tages wie einer lebt, nicht nur, wenn es euch gerade passt. Wenn ihr ein Meister werden wollt, müsst ihr vierundzwanzig Stunden am Tag wie einer leben, bis ihr einer geworden seid. Ihr müsst also eure Gedanken meistern, eure Worte, eure Gesundheit, eure Absichten und Motive; ihr müsst Meister werden über all eure Gewohnheiten, Emotionen und Ängste. Ihr müsst während des ganzen Tages Meister über euch sein – und das jeden Tag.

Einige von euch haben anscheinend die Vorstellung, dass Meister mit besonderen Privilegien geboren wurden und es somit für sie leichter war. Für die meisten von ihnen trifft das nicht zu, die Mehrheit der Aufgestiegenen Meister führte ein sehr ‚normales' Leben. Sie hatten nur einen starken Willen und das Verlangen, Herrschaft über ihr Leben zu haben.

Ihr seht also, dass es keine Entschuldigung dafür gibt, warum nicht auch ihr euer Leben meistern und über diese Ebene aufsteigen könnt. Ihr müsst nur daran arbeiten – was vielen schwer erscheint, denn ihr seid irgendwie träge. Ihr fangt mit guten Vorsätzen an, dann wird es euch langweilig und ihr gebt auf. Ihr müsst lernen, euch in so hohem Maße zu trainieren, dass ihr genau das Leben erschafft, das ihr für euch wünscht. Lernt, unbegrenzte Gedanken zu haben. Je unbegrenzter ihr in euren Gedanken seid, desto unbegrenzter werdet ihr. Warum denkt ihr nicht über euch: ‚Ich bin außergewöhnlich begabt, ich bin sagenhaft reich, ich bin dazu bestimmt, auf Erden ein großer Meister zu sein.' Ihr seht, Gott begrenzt euch nicht – ihr tut es.

Je mehr ihr über euch Meisterschaft erlangt – was übrigens so viel heißt wie Selbstbeherrschung – um so mehr Licht kommt in euren Körper. Je mehr Licht in euren Körper kommt, um so höher wird eure Schwingung. Je höher eure Schwingung wird, um so mehr erhöht sich die Schwingung eurer Umwelt. Je höher die Schwingung eurer Umwelt wird, um so mehr helft ihr diesem Planeten.

So funktioniert das, und so haben alle Meister zu allen Zeiten mit Eifer gearbeitet. Je mehr Licht ihr in euch verankert, um so mehr Widerstand und Dichte setzt ihr frei.

Ihr hört oft den Begriff ‚Dichte', aber was ist das? Nun, Dichte ist das, was begrenzt – Ängste und Gepäck aus der Vergangenheit. Dichte heißt auch Traurigkeit, Begierde, Habsucht, Völlerei, Eifersucht usw. Wisst ihr, was im Menschen die schlimmste Form von Dichte ist? Seine Vergangenheit! Ihr scheint einfach nicht fähig zu sein, sie loszulassen. Wegen eurer Vergangenheit bewegt ihr euch immer wieder im Kreis und erschafft so für euch eine Existenz in der Art einer Tretmühle. Ihr werdet niemals in der Gegenwart leben können, wenn ihr die Vergangenheit mit euch herumschleppt. Lasst sie los!

Wir haben nun über das Licht gesprochen und wie man es verankert. Das geschieht in euch und auch rund um euren Planeten. Die Erde spiegelt denselben Prozess wider, durch den ihr geht. Bei ihr geschieht das in einem größeren Ausmaß, da sie einen größeren Körper hat, aber es ist dennoch derselbe Vorgang.

Fürchtet euch also nicht vor Veränderungen, sei es in euch oder in eurem Planeten, denn sie sind ein wunderbares Zeichen für das Hereinkommen des Lichts.

Wenn nun das Licht in euer Gehirn und in den übrigen Körper kommt, dann fühlt sich das nicht immer gut an. Ihr müsst mit Kopfschmerzen rechnen, mit Benommenheit, Schwindelgefühlen, Muskelschmerzen und vielleicht auch mit einer Zunahme des Gewichts im Hara-Bereich in der Mitte des Körpers. Ihr solltet aber wegen eures Aussehens keine Komplexe bekommen. Ihr müsst euch deswegen keine Sorgen machen, denn das ist nur das Licht, das euch zu erden versucht und euch daran hindert, zu abgehoben zu sein. Jedes dieser Symptome ist nur ein Zeichen dafür, dass das Licht die Dichte hinausbefördert. Alle diese Symptome werden zurückgehen, wenn einmal die Aktivierung abgeschlossen ist.“

Ich empfand die Worte und Energien der Meister immer als sehr beruhigend. Sie sagten mir, je mehr Licht wir in uns aufnehmen, um so mehr werden andere unsere Nähe als beruhigend empfinden. Deshalb ist es wichtig, dass wir unsere Abgrenzungen haben. Ich bat die Meister, mir den Prozess zu erklären, durch den wir gehen werden, und sie sagten:

„Wir wissen es nicht, es ist noch nie auf diese Weise gemacht worden.“

Sie versicherten mir jedoch, dass wir während des ganzen Weges durch den Prozess unterstützt werden.

„Ihr wisst, dass ihr nicht nur von uns, euren Brüdern und Schwestern, geliebt werdet, sondern auch von der höchsten Quelle des Lebens – genannt Gott.

Zum jetzigen Zeitpunkt kann ich euch sagen, dass die Magnetfelder eures Planeten energetisch schwanken. Das wirkt sich auf euch aus, und zwar in vieler Hinsicht. Manche empfinden es als sehr schwierig, sich zu konzentrieren, sie werden müde und ziehen sich zurück, manche sind leicht erregbar, nahe am Weinen oder mürrisch. Manche haben auch Schlafschwierigkeiten, dann ist es vernünftig, aufzustehen und zu versuchen, später am Tag zu schlafen, falls ihr es braucht.

Während dieser ganzen Zeit – bekannt als ‚Null-Zone' – wird das Leben sehr merkwürdig scheinen. Es wird eine seltsame Stille sein, denn ihr tretet ein in die Leere. Die Leere ist nichts, wovor ihr euch fürchten müsst. Sie ist nur das Mittel, um sich durch die Dimensionen zu bewegen, es ist, wie im Mutterschoß gehegt zu werden. Versucht euch darauf zu fokussieren, dass ihr in einem Mutterschoß gehalten werdet, anstatt in Panik zu geraten. Das würde euch geradewegs in den Emotionalkörper zurückschicken – was sicher keine Hilfe wäre.

Nutzt jetzt diese Zeit, um euch im Fokussieren zu üben, wie wir es euch gelehrt haben.

Ihr werdet bemerken, dass viele von euch den Impuls spüren umzuziehen – und zwar schnell. Diejenigen von euch, die in ihrem Heim schon fest verwurzelt sind, werden jetzt eine Veränderung der Energie in und um ihre Wohnungen und Häuser bemerken. Diese Energieveränderung ist auf ein Energiefeld zurückzuführen, das um euer Heim errichtet wird. Dieses Energiefeld hält euch, fast so, als würde es euch in einer höheren Schwingung aufhängen, um euch beim Übergang zu helfen.

Wir können euch nicht sagen, wie lange dieser Zeitabschnitt dauern wird, aber wenn ihr daraus hervorkommt, werdet ihr die Veränderung in eurem Dasein spüren. Es wird Klarheit sein, eine Klarheit zum Licht. Eure Sehkraft wird schärfer werden, und das geschieht schon jetzt. Eure Sinne – Geschmackssinn, Tastsinn, Gehör- und Gesichtssinn werden viel empfindlicher sein. Eine neue Lebensart wird entstehen, die sehr viel harmonischer ist, und die Menschen werden zusammenarbeiten und nicht nur jeder für sich. Länder werden sich vereinigen und gegenseitig helfen, und religiöse Unterschiede werden ein Ende haben. Die Menschen werden demütiger sein und Mitgefühl füreinander und für die Tiere in der Natur empfinden. Pflanzen und Tiere werden nicht mehr ausgebeutet werden, sondern man wird sie achten.

Ihr, meine lieben Freunde, seid die Friedensstifter gewesen, ihr habt stabile Fundamente geschaffen, damit das geschehen kann. Die nächste Generation wird darauf aufbauen. Diese Kinder werden verwirklichen, was ihr begonnen habt.

Das ist die Zeit, und ihr seid diejenigen, die prophezeit wurden – es wird der Anfang einer Neuen Welt sein! Es wird viel zu feiern geben, denn durch diese Zeiten zu gehen heißt, in den Bereich ‚Jenseits der Angst' zu gehen.

Wir lieben euch von ganzem Herzen.“

„SO SEI ES“

"Das Goldene Versprechen"
Erzengel Michael
Ronna Hermann

ca 370 Seiten, broschiert, € 26,00, sfr 48
ISBN Nr. 3-936226-01-6

Das neue Buch von Ronna Hermann, nach dem Erfolgsbuch "Auf den Schwingen des Lichts".
Wertvolle Botschaften und Meditationen von Erzengel Michael, gechannelt von Ronna Hermann, die DAS internationale Sprechrohr für Ihn ist. Dieses Buch enthält auch eine Sonderbotschaft von Erzengel Michael für den deutschsprachigen Raum.